记住！你是无冕之王

李中华 ◎ 著

记者 J

中国出版集团

现代出版社

图书在版编目(CIP)数据

　　记住！你是无冕之王！/ 李中华著.—北京：现代出版社, 2013.1　（2024.12重印）

　　（我的未来不是梦）

　　ISBN 978-7-5143-1052-8

　　Ⅰ.①记… Ⅱ.①李… Ⅲ.①记者—生平事迹—世界—青年读物②记者—生平事迹—世界—少年读物

　　Ⅳ.①K825.42-49

中国版本图书馆 CIP 数据核字(2012)第 292913 号

我的未来不是梦—记住！你是无冕之王！（记者）

作　　者	李中华	
责任编辑	张　晶	
出版发行	现代出版社	
地　　址	北京市朝阳区安外安华里 504 号	
邮政编码	100011	
电　　话	(010) 64267325	
传　　真	(010) 64245264	
电子邮箱	xiandai@cnpitc.com.cn	
网　　址	www.modernpress.com.cn	
印　　刷	唐山富达印务有限公司	
开　　本	700×1000　1/16	
印　　张	12	
版　　次	2013 年 1 月第 1 版第 1 次印刷　　2024 年 12 月第 4 次印刷	
书　　号	ISBN 978-7-5143-1052-8	
定　　价	47.00 元	

序 言

　　这套以"我的未来不是梦"命名的丛书，经过众多编者的数年努力，终于以这样的形式问世了。

　　此时，恰值党的"十八大"刚刚胜利闭幕，选举出了以习近平同志为首的党中央领导集体。"十八大"报告中对教育领域提出："坚持教育为社会主义现代化建设服务、为人民服务，把立德树人作为教育的根本任务，培养德智体美全面发展的社会主义建设者和接班人。"这使我们编者更感此套丛书生即逢时，契合新时期新要求，意义重大。

　　我们编写的这套《我的未来不是梦》系列丛书，精选了古往今来的一些重要职业，尤以当下热点职业为重。而"梦想的实现"则是本套丛书的核心。整套书立意深远，观点新颖，切合实际，着眼实用，是不可多得的青少年优质读物。

　　我们深信，这套丛书必将伴随小读者们的生活与学习，而促进他们德智体美全面健康的成长。更使他们对未来充满信心，驾驭着新知识和新科技，驶入海洋，飞向蓝天，去实现最美好的梦想！

目录 CONTENTS

第一章

讲个好故事

杨澜

<h1>◦导读◦</h1>

　　"铁肩担道义，辣手著文章。"记者是展示生活、揭示真理的无冕之王。在从事记者的职业生涯中，难免会遇到各种各样的机遇和挑战，但只要记住你的名字，一切都可以担当。

■ 好故事，如何好，为何难

新闻业有一句听上去很绝望的格言，叫做"给我一个故事，看在上帝的份上，把它讲得有趣些"。可以作为类比的是，你从来没听过日化行业说什么"给我一段牙膏，看在上帝的份上，把它弄得清香些"。没人在这种事上大费周章，可是所有牙膏都有不错的味道，而新闻业拿了神灵自我要挟，一多半儿的新闻还是不堪卒读。这也许可以说明新闻从业者全是傻蛋——如果你这么理解，我也没办法反对。可是这更能证明，新闻业是一个依赖于个人才能的行业，也说明一个好的新闻机构是多么难得，而且作为整体，一个健康的新闻业也比一般行业更重要和更珍贵。没有牙膏你还可以用牙线或者盐，没有新闻业，地球上的一小半文明世界也就不复存焉。

真正的问题是，我们发现写出一个有趣的故事太难了。就像红土上只生长茶树一样，我们这儿也只盛产一种故事，就是一个家伙被关进了拘留所，他就很开心地跟同伴们玩起了游戏：丢手绢，丢手绢，轻轻地放在小朋友的后面，大家不要告诉他！然后他就死了。我们的新闻倘是真实的，就总是这个样子，像一条荒谬的大河正在向高山之巅不停奔涌。若论单个儿的，这种故事当然精彩绝伦，可是身边的每个故事都是如此模式，它也就没什么吸引力可言了。

在新闻从业史上，很多人有过一个很不起眼但颇有意味的经历。前几年，很多人说，你别再做矿难报道了，那都是垃圾新闻。你知道这句话最令人吃惊之处在哪里？在于它一点儿没错。公众的同情心是有价值的，很

容易厌烦，久而久之，再严肃的悲剧也会无人理会。

问题总是像顽石一样耸立在那里：我们找到了很多有趣的故事，但是写不出真正有趣的那一个。

什么叫真正有趣的故事呢？一个最容易被提起的例证当然是水门事件。《华盛顿邮报》的两个记者搞定了"深喉"、美国中央情报局前二号人物马克·费尔特，从而证明了尼克松总统确实对政治对手使用了窃听器。你可以从中看到一个真正有趣的故事的基本要义：一是有超乎读者期待的情节，二是它包含着一种近乎清高的信念，务使历史向符合公众利益的方向转向。

可是这种故事娇嫩着呢。伟大的新闻总是特别容易死掉，说起来真是惊险万状，简直连丢手绢都不必。这就像造物主制造了一朵鸢尾花，只要这个世界改变一点点，比如洋流偏转 5°，或者蝴蝶都去度假，这朵鸢尾花就要死掉。如果改变稍微大那么一点儿，比如在太阳系里拿掉一个最小的行星，那么很可能"轰"的一声，欧洲就掉到你们家的马桶里去了。一般来说这就叫系统。有趣的新闻故事总是依赖于好的文明系统，无聊的新闻故事则依赖于反文明的另一个。

前苏联有个老故事说，恺撒、亚历山大大帝和拿破仑受邀参加红场阅兵，恺撒说，如果我有苏联的坦克，我就能征服欧洲；亚历山大说，如果我有苏联的飞机，我就能征服世界；轮到拿破仑了，他说，如果我有《真理报》，到现在也没人知道滑铁卢。这个故事很有趣，底子却悲哀，他花开后百花杀，有了它，别的故事就全都被自杀了。可是如今人们不仅知道了滑铁卢，还知道了苏联的各种往事，我觉得这证明了独一有趣的故事并不像人们想象的那么强大，总有威风扫地的一天。这个结尾有一层糟糕之处，就是苏联解体了，石油寡头诞生了，切尔西变强了，阿森纳队的统治时期结束了。不过它又再妙不过：有趣的故事又复活了。

好故事在中国

中国目前尚没有一本广受欢迎的新闻写作教材，这固然和中国人重"道"轻"术"的观念有关，但更重要的一个原因是：在中国，记者尚未还原为一种普通的职业，仍被一种理想主义的光环所笼罩。所以，举凡之前看的许多新闻人的著述，从《冰点故事》到《后台》系列，再到各种新闻人访谈，多是在抒发新闻之路的披荆斩棘甚至九死一生，壮怀激烈，悲切惊悚，采访中的诸多遭遇甚至要比新闻本身更加引人入胜。稍有不同的是，李大同的《冰点故事》讲的是如何在体制的框架内以身试险，拓展边界。这一切，都与技术无关。

铁肩担道义，辣手著文章，这句名言用在中国新闻行业尤其如此。在中国，做一个大写的记者是需要很大勇气，前途的艰险堪比九九八十一难：他要虚与委蛇地与领导搞好关系，以求在突破边界时得到领导的庇护；他要面临抵达真相时方方面面的围追堵截、重重迷障，甚至是来自于权力部门的无妄之灾。更要命的是，上级领导随时可能撤出"十二道金牌"，前期的投入就可能功亏一篑；即使千辛万苦采访归来，稿件发与不发还是要经过层层叠叠的政治考量，抵达读者的路途千山万水；即使新闻见诸报端、反响热烈，但却很可能如一粒石子投入死水，一丝涟漪后迅速归于平静，现实的苦难依旧欲哭无泪，贪官污吏依旧声色犬马、毫发无伤，甚至黑白被颠倒，证据被抹杀，线人遭到无情报复……当这种事情一再重演，记者就可能会对新闻的意义发生动摇，萌生退意。所以去了《时尚》杂志的李海鹏才会说"我写作是为了光阴流逝使我心安"，无可奈何罢了。

■ 新闻是个什么活儿

新闻人的著述是在为自己的努力找到意义，也是在为后来者鼓舞勇气，与之相比，技术倒只是细枝末节了。在中国，新闻不是个技术活儿，而是个良心活儿。

中国新闻人最艰难的环节从来就不是写稿，也普遍认为人皆有其风格，模仿不来，宁愿独自去上下求索，从小说中偷师，采访写作中也并不遵循固定的套路，无成竹在胸，无纲目在脑。

其实，为了使新闻业走向成熟，在理想主义之外，一些基本的技术方面的训练还是必不可少的。

现在，一切行业都在讲求标准化，新闻业的标准其实很简单：讲个好故事。

不知是否翻译的缘故，美国的新闻和国内的新闻风格迥然不同，国内的故事缜密、曲折回环、娓娓道来，而美国的新闻则是跳跃性强烈，场景镜头急速变幻，像一股激流推着读者向前走，读着忍不住就会慷慨昂扬。而国内的特稿，则是长镜头缓缓地把一个场景、一个故事幽雅细腻地讲述完毕，再转换到另一个故事中去。西方的故事则是三言两语就切中一个故事的要害，多人的故事共同服务于一个中心主题。即使是单篇人物特写，也呼呼生风，充满了动感和现场感，而中国的故事则要温柔、舒缓许多，这可能是跟两国的国民性格有关。

中外新闻差异的原因其实很简单。

美国是个金字塔,各个阶层各安其位,医生是什么样的,银行经理是什么样的,社会已经取得了共识,无需再去费墨一一刻画。而秩序井然的社会框架之下,贪污腐化、利益纷争等新闻题材都毫无新意,共性的东西不需要再废话,就把重头戏都放在追求夸张甚至片面的新闻效果上。

而中国则是个万花筒,你永远不知道某一个阶层、某一个人背后还有多么让人目瞪口呆的暗影。

你也永远不知道还有多少科幻小说般的故事在上演,而且剧情五花八门,就像发生在许多个星球上一样。面对如此万花筒般的生活,新闻行业大有可为。但一切都得从零做起,借鉴一下前人的经验之谈吧。

智慧心语

持心如衡，以理为平。

——刘 基

闻义能徒，视死如归。

——冯梦龙

害怕大雨的，只不过是假花而已。

——克雷洛夫

懒人是当不了记者的。

——普利策

如果你没法阻止战争，那你就把战争的真相告诉世界。

——罗伯特·卡帕

第二章

学无止境的习惯

穆青

◎导读◎

　　少而好学，如日出之阳；壮而好学，如日中之光；老而好学，如炳烛之明。

　　学习是一个人的真正看家本领，是人的第一特点，第一长处，第一智慧，第一本源，其他一切都是学习的结果，学习的恩泽。

　　中外、古人、今人都如此认识，看来养成良好的学习习惯确实很重要了。

学习是一个过程

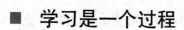

1999 年的法国 FIPA 国际电视节,这个被欧洲人誉为极具学术价值的盛会,全世界有 300 多部片子参赛。中国记者张以庆拍摄的纪录片《舟舟的世界》入围决赛。

这部纪录片描写了一个虽然弱智,却对音乐有着特殊敏感,甚至能够担当"乐队指挥"的少年的生活。这是亚洲唯一进入决赛的片子。通过翻译张以庆对欧美人说:"我想正是因为有了亚洲,有了中国的参与,本届大赛才显得更完美。"

第 18 届加拿大蒙特利尔艺术电影节,在这个全世界电影人、电视人都不会忽视的大赛决赛上,张以庆的《舟舟的世界》依然榜上有名。这部作品还进入了国际市场,舟舟因此上了世界吉尼斯大全。在华盛顿的肯尼迪艺术中心,舟舟把美国国家交响乐团指挥得无比快乐。

踏入湖北电视台 14 年来,张以庆得过的奖自己都数不清。他说,在今天到处充满诱惑的环境下,很长时间专注于一件事是很难的。守住仅有的宁静,有时候会觉得真的很孤独,孤独得很苦,也有真的过不去、守不住的时候,但守不住也得守,这恐怕是最难的。有人管电视作品叫时间长度的艺术,一部《起程·将远行》片长 60 分钟,张以庆和他的同事们拍了 1 200 多分钟的素材。《舟舟的世界》片长 50 分钟,但他们足足拍了 2 100 多分钟素材,70 多盘录像带,每回拍摄的录像带,张以庆都得用车拉。从 2 000 多分钟里抠 50 分钟,这基本上是一个工程,而张以庆说所谓时间长度艺术

远不是指片长或素材的长度,这些不过是更长更长的思考的结果。有时这种思考需要一生。所以他说,好的作品不是拍出来的,而是思考出来的,是以耗去一部分生命做代价换来的。今年的《英和白》也是如此,这部描写一位有着一半意大利血统的中国女驯养师白与熊猫英组成的特殊家庭的 50 分钟的纪录片,所有字幕提示语才一千多字(没有解说词),而在此之外的文字记录竟有 10 万字。

没上过大学的张以庆,并不妨碍他的作品成为北京电影学院、北京广播学院等高等院校的教学片,并不妨碍他到很多大学去开讲座。今年 9 月他携《英和白》到北京电影学院给导演系的研究生、留学生和本科生做讲座,系主任谢小晶说张以庆你是导演系有史以来邀请的第一位电视人,你就把这儿当个基地,有了新作品或有了想法随时来,我安排课时。

今年 9 月在北京,中央电视台用 1 000 美金一小时代价请来某世界著名媒体的大牌记者艾利克斯讲课,在学术大会上他说:"我从没看过中国的片子,因为我们 BBC 没播过中国的纪录片,但是我这次来看了一个片子《英和白》,我很激动,可以说这是一个多年来我没有见过的非常好的片子,我认为 BBC 有专门播放这个片子的位置……"

第一次来中国的艾利克斯把张以庆请到酒店,说一定要认识这个中国导演。

写张以庆很困难,对于宣传,他一向很低调,他说还是写写摄像师姚建华、录音师汤镜明、灯光师张德友吧。

一个人的成功,在某种程度上是以埋没、牺牲他人的付出为代价的,"我们合作了 10 年,一想起他们我就感到深深的不安"。

逐梦箴言

坚持梦想，守住宁静，是每一个成功者的必由之路。

知识链接

　　法国FIPA(飞帕)电视节从1987年创办，由该国政府支持，每年元月在法国西海岸的海滨城市比亚里兹举行，至今已举办过17届。FIPA电视节以其严格的参赛、评选过程，最广泛的影片入选范围成为国际电视制作最高水平的象征。迄今为止，FIPA在加拿大(北美)、拉丁美洲、阿根廷(南美)、中国(亚洲)及非洲各地均设有分支机构，即FIPA驻该国驿站。FIPA电视节是世界上电视业内规模最大、水平最高的大奖赛之一。

我的未来不是梦

■ 机会只给训练有素的头脑

韩小蕙 1982 年毕业于南开大学中文系，同年进入光明日报社。做过校对、检查、总编室夜班编辑、文艺部副刊编辑。现为该报"文荟"副刊主编。她所编辑的《光明日报》"文荟"副刊(原东风副刊)多次荣获全国报纸副刊金、银、铜奖；所采写的新闻稿件，多次获全国报纸副刊奖及各部委新闻奖；所撰写的文学作品，荣获首届全国女性文学奖、首届冰心散文理论奖、首届中华文学选刊奖等全国大奖。已出版《我在我思》等 15 部新闻、理论、散文、报告文学集，作品被收入《成年文学经典》等 200 多种文学选本，并被译往国外。主编出版了《读人记丛书》《城市批评丛书》《中国 90 年代散文选》等 40 多部书。

韩小蕙 1985 年开始文学副刊编辑生涯，她的目标是把"文荟"副刊做成全国最好的副刊。为此，她付出了自己的全部心血。悉心服务、甘于奉献，使副刊成为展示名家、培养名家的平台。她阅读和采访了全国上千位知名作家学者，成为一部活的《当代作家词典》，并通过热心的服务把名家"拉入"写作阵营。著名作家李国文就称自己是"被韩小蕙培养出来的散文新星"。她发起的"永久的悔"无奖征文活动得到全国学者巨擘们的响应和肯定，学界泰斗季羡林先生，一天之内就写完了 4 000 多字的文章，题目就叫做《赋得永久的悔》。季老还附来信笺，夸赞题目"出到人心里去了"。

韩小蕙说，"机会只给训练有素的头脑"。针对文学的低俗化，她最早写出《女性隐私文学悄然涌动》和《文学呼唤崇高》；针对有些作家严重脱离社会生活,她顶住压力,屡次大声疾呼现实主义创作回归。针对全国纷纷削减文学副刊,她及时诘问《文学副刊缘何日渐消瘦》,此文受到中宣部重视,后召开行业会议专题研讨。在社内,韩小蕙是位默默耕耘的编辑;在社外,她是文学界人士眼中"有内涵的记者散文家"。新闻界对她亦厚爱有加:北京电视台曾以《中国母亲》为题,为她拍摄了一部20分钟的电视纪录片;《北京晚报》整版介绍了她的事迹;《传记文学》等多家杂志都专文介绍过她。

臧克家老人曾评价说:"小蕙同志是活跃在文学界和新闻界的作家、编辑与记者。她勤奋刻苦,有所追求,佳作迭出。她使命感、责任心强,敢于抨击丑恶,仗义执言。"著名评论家雷达曾说:"大家都说她敬业,多年来一直兢兢业业,编发了一篇好稿子比自己写了一篇得意文章还兴奋,所以她得到文化界的高度评价。"

逐梦箴言

百丈之台,其始则一石耳,由是而二石焉,由是而三石、四石以至于千万石焉。学习亦然。今日记一事,明日悟一理,积久而成学。

知识链接

中国女性文学奖,1998年设立,每5年评选一次。已举办三届"中国女性文学奖"评选(1998年首届、2003年第二届、2009年第三届)。2011年起,改为每年一度。

■ 一生的记者

1937 年，穆青参加八路军从事宣传工作时，年仅 16 岁，虽然只是一个高中一年级的学生，但是到了八路军里，却变成了一个"高级知识分子"。他跟随贺龙的 120 师，转战南北，贴标语，写稿子，在硝烟中得到了宝贵的锻炼。1939 年，在冀中前线，穆青加入了中国共产党。在战争进入最困难时期的 1940 年，为了保护宣传人员的安全，党把他从前方调回延安。 到延安后，穆青怀着从事文学创作的理想进入了鲁迅艺术学院学习。在"鲁艺"的两年，穆青如饥似渴地学习，拼命地看书，把图书馆的书能借到的都借来看。从"鲁艺"毕业后，穆青起初对做一名"满天飞"的记者有思想上的压力，认为自己无法胜任。在时任《解放日报》领导的周扬等人的劝说下，让穆青没想到的是，自己从 1942 年起到中共中央机关报《解放日报》任记者，竟从此开始了长达半个多世纪的新闻职业生涯。作为一名记者，穆青对人民一直怀着一颗感恩之心。这种感恩，常常流露在他的公开讲话里。他曾说过这样一段话："我是 1939 年在冀中前线的炮火中参加共产党的。我永远忘不了的是在战争进入最困难的时候，……就在这时，党把我从前方调回延安。当时和我一起的战友有的牺牲了，有的被俘了，是党把我保存下来了。没有党，就没有我的一切。"

逐梦箴言

不去想能否能够胜利,既然挑选了远方,便只顾风雨兼程;不去想身后会不会袭来凄风冷雨,既然方向是地平线,留给世界的只能是背影。

知识链接

鲁迅艺术学院是抗日战争时期中国共产党为培养抗战文艺干部和文艺工作者而创办的一所综合性文学艺术学校,1940年后更名为"鲁迅艺术文学院",简称"鲁艺"。旧址位于延安城东北5千米桥儿沟,一座中世纪城堡式样的大礼堂,每到新年之际这里都举办稀奇迷人的化装舞会。现保存有天主教堂一座和石窟洞数十孔。属1961年国务院颁布的首批全国重点文物保护单位。

我的未来不是梦

■ 电视是我一生的追求

杨澜，1968 年生于北京。1986 年至 1990 年就读于北京外国语大学。

1990 年，杨澜在千名候选人中脱颖而出，成为中国中央电视台《正大综艺》女主持人。

从 1990 年至 1994 年初，杨澜主持的《正大综艺》节目受到大陆观众一致喜爱，创造了收视之冠的佳绩。她本人于 1994 年获得中国首届主持人"金话筒奖"。

杨澜说她是非常幸运的，然而这个幸运女在事业巅峰时期告别《正大综艺》，去美国充电。她先在纽约大学电影学院攻读"纪录片导演"，之后进入全美排名首位的哥伦比亚大学国际传媒专业就读，于 1996 年 5 月以全优成绩毕业，获硕士学位。

1996 年初，杨澜被美国媒体广泛报道。在《纽约时报》头版报道后，《新闻周刊》又大幅报道。

1996 年夏，杨澜与哥伦比亚广播公司曾数次获得普利策奖的制片人莫利斯·莫米德共同制作导演了《2000 年那一班》两小时纪录片，在哥伦比亚电视网晚 7 点黄金档向全美播出，创下了亚洲主持人进入美国主流媒体之先河，并获评论界好评。

在 1996 年，杨澜还被选入英国《大英百科全书世界名人录》。同年，她与上海东方电视台联合制作的《杨澜视线》节目成功发行全国 52 个省市电视台，收视率在各地文艺节目中均获得不俗成绩。

1997 年 4 月，她应联合国副秘书长之邀，作为东亚唯一代表，出席了联合国世界媒体圆桌会议，11 月又应邀出席联合国"97 世界电视论坛"。

1997 年 1 月,杨澜散文集《凭海临风》出版,销量超过 50 万册。

她在一路努力工作之余也不忘热心慈善公益,将第一笔稿酬收入全额捐献给希望工程,因而被选为中国青少年基金会常务理事。同年 7 月,杨澜被选为哥伦比亚大学国际关系学院校董,成为这所美国长春藤名校有史以来最年轻的董事。

1997 年 7 月,杨澜回归电视业,加盟凤凰卫视中文台,并于 1998 年 1 月推出访谈节目《杨澜工作室》,自己既是制片也担任主持人,目前已有多名著名时事人物接受了她的采访,节目大受欢迎和赞赏。

1998 年 4 月起开播的《百年吒咤风云录》中,杨澜担任主持,引领观众走入过去时光,重温 100 年来影响历史进程的人和事。

杨澜说:"电视是我一生的追求,不在乎这一两年的辉煌,我认为我将来的事业还有 20 年"。杨澜已从单纯的主持人走向一名具有真正国际性的电视制片人。

逐梦箴言

趁年轻少壮去探求知识吧,它将弥补由于年老而带来的亏损。智慧乃是老年的精神养料,所以年轻时应该努力,这样,年轻时才不致空虚。

知识链接

普利策奖(Pulitzer Prize),也称为普利策新闻奖,是 1917 年根据美国报业巨头、匈牙利裔美国人约瑟夫·普利策(Joseph "Joe" Pulitzer)的遗愿设立的奖项。七八十年代已经发展成为美国新闻界的一项最高荣誉奖,现在,不断完善的评选制度已使普利策奖被视为全球性的一个奖项。

我的未来不是梦

◎ 智慧心语 ◎

学不可以已。

——荀子

少而好学，如日出之阳；壮而好学，如日中之光；老而好学，如炳烛之明。

——刘向

书到用时方恨少，事非经过不知难。

——陈廷焯

不读书的人，思想就会停止。

——狄德罗

浅薄的学识是一件危险的事情。

——蒲柏

第三章

追求真相的执著

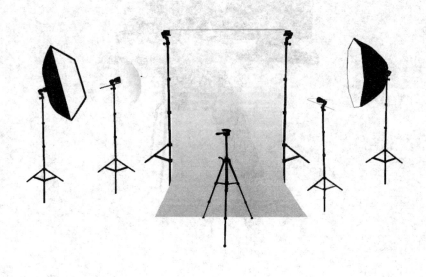

我的未来不是梦

◦导读◦

　　你应将心思精心专注于你的事业上。日光不经透镜屈折,集于焦点,绝不能使物体燃烧。毛姆如是说。

■ 生死之间

1999年5月8日，以美国为首的北约对我驻南联盟使馆发动野蛮的空袭，邵云环、许杏虎、朱颖三位英烈为国捐躯。他们虽然离开了我们，但他们不信邪、不怕压、誓死捍卫国家主权、英勇保卫世界和平的浩然正气却永远活在我们心中。在他们当中也有一位目前仍然战斗在前线的优秀记者，他就是大家已经非常熟悉的《人民日报》驻南斯拉夫记者吕岩松同志。他是与三位英烈一起出生入死的战友。在他身上，同样体现了中国新闻工作者的优秀品质。为了和平，为了正义，为了祖国，为了党的新闻事业，他公而忘私，置个人安危于度外，夜以继日，奋力拼搏，恪尽职守，不辱使命。在与死神只有十几厘米之隔的危险时刻，他第一个向国内报回了这一震惊世界的严重事件，表现了高度的政治责任感和高度的新闻敏感。

使馆被炸事件中唯一幸存的住在馆内的中国记者　吕岩松同志今年32岁，黑龙江人，1996年5月出任《人民日报》常驻南斯拉夫联盟共和国记者。这次北约轰炸南斯拉夫，他一开始也住在记者站，但后来考虑到安全问题，他和《光明日报》记者许杏虎等一起住进大使馆。使馆被炸那天，同住在使馆的还有邵云环和许杏虎夫妇。不幸的是，这几位同志都壮烈牺牲了。而吕岩松也是死里逃生。当时，吕岩松和夫人小赵刚刚上楼没有一分钟，就听到一声巨响。屋里漆黑一片，吕岩松还没来得及点燃蜡烛，小赵刚进卫生间洗手，吕岩松正好站在卫生间的门外和小赵说话。他们还没有来得及对那声巨响作出反应，上面的楼板就轰然塌落下来，钢筋水泥的碎块从吕岩松眼前十几厘米的地方落下。紧接着，第二次爆炸声又响起，只见

整个大使馆内一片白光，不是红光，是爆炸近在眼前时发出的那种刺眼的白炽灯一样的白光。这时吕岩松意识到，使馆大楼被袭击了。已经不能用危险来形容当时的情形，简直可以说小吕是死过一次的人。他是使馆内唯一幸免于难的中国记者，而接下来发生的一切，小吕所做的一切，足以证明我们的战地记者是真正的英雄的记者。

第一个将消息传回国内的人　吕岩松是将中国使馆被炸的惊人消息传到国内的第一人。事件发生在 5 月 8 日北京时间凌晨 5 时 45 分，而大约 15 分钟后，使馆顿时硝烟弥漫。吕岩松从一片黑暗中摸索着逃了出来。他出来第一件事，就将消息通过手机传到了他的前任、人民日报国际部主任编辑、《环球时报》副总编胡锡进家里。这时大使馆被袭击才 15 分钟，胡锡进正在睡梦当中，听到这一消息有如晴天霹雳，难以置信。弄清基本事实后，胡锡进立即向本报国际部负责人报告，并受国际部委托向外交部欧亚司南斯拉夫处处长李满长打电话。同时，国际部负责人立即向主管国际宣传报道工作的《人民日报》副总编周瑞金同志报告，周瑞金副总编即向邵华泽社长等领导同志汇报。大约半小时后，外交部总值班室来电话，说仍未能与前方取得联系，希望我报记者进一步提供情况。这时，吕岩松又把新华社记者邵云环牺牲，《光明日报》记者及使馆武官等 3 人失踪的消息报回来。报社领导立即将这些情况向中央领导报告。报社编委会当天上午召开会议作了传达并作了部署。国际部一些同志闻讯也立即赶到办公室，按编委会的部署赶写第一篇评论员文章。同时得知，中央当天上午召开了紧急会议，确认使馆当时联络中断，又忙于抢救工作，《人民日报》是第一个消息源，而吕岩松在熊熊燃烧的烈火中发出的消息，就是中国甚至也是全世界关于这次事件的第一个反应。可以认为，这不仅为本报的报道增色，也为我国的外交、我国政府的决策赢得了宝贵的时间。

第一个现场报道的中国记者　小吕将消息通报国内的同时，还立即着手现场新闻报道。不难想象，那一天，那一刻，小吕在精神上受到了什么样的刺激。后来他对我们说，他的精神几乎崩溃。但他在死里逃生的时候没有带上个人物品，却本能地带上了照相机、摄影包和海事卫星电话等新闻工具匆匆离开烈火燃烧的现场，让人想到他真是个鞠躬尽瘁、死而后已的记者,而这种精神似乎已化作他生命的一部分。8日上午10时许,他强忍住悲痛,作为在现场的唯一一位活着的中国记者,向《人民日报·网络版》发回了目击中国使馆遭袭的文字消息,里面明确写出《光明日报》记者许杏虎、朱颖夫妇已经遇难。这是中国第一篇比较详细描写中国使馆遭袭击的稿件,也是在全世界首先写出了除新华社记者邵云环外,许、朱两位也同遭厄运的消息。那天他除了给《人民日报》、《人民日报·网络版》发稿外,还为《环球时报》口述了一万多字的稿子,仅口述就花了近两个小时。另外,他还发回8张照片。口述稿子的时候,他有好几次泣不成声。而那8张照片,有几张拍的就是3位死难者的遗体。他竭尽全力从不同角度反复地拍,给我们传回的只是他认为最清晰的一部分。那3位死难者都是他最熟悉、最亲密的战友。邵云环是他尊敬的大姐,许杏虎是他在南斯拉夫最好的伙伴。仅仅几个小时前,他才和邵云环、许杏虎等人一起去外地采访归来,而现在,他们鲜血淋漓地躺在他面前,在这种情况下,他还要反复地、从各个角度去拍他死难的战友。当晚,《人民日报》即刊发了他抢写的现场消息、特写《血的见证——中国驻南使馆被炸目击记》和5张现场照片。很难想象,小吕是在压抑着一种什么样的心情,是一种什么力量支撑着他去完成这些痛苦的工作的。

独自一人闯战场的记者 中国驻南斯拉夫的兄弟新闻单位多数是两个或两个以上记者,只有《人民日报》和《光明日报》是一个记者带夫人。现在,新华社和《光明日报》的3位战友牺牲了,吕岩松和夫人赵燕萍仍然坚守在战火硝烟的南斯拉夫,坚持报道工作。我驻南使馆被袭后,吕岩松的报道震撼了全国广大的读者。《异国恸哭诉悲愤》、《最后的诀别》等一篇篇通讯、特写紧紧揪住了读者的心。吕岩松用他悲愤的笔,记录了侵略者的滔天罪行,也记录了中国人民的满腔义愤。吕岩松除了完成《人民日报》的报道任务,还要为网络版和每周一期的《环球时报》撰稿。北约开始轰炸南斯拉夫后,《环球时报》连续有9个头版头条都是吕岩松的,这是《环球时报》创刊以来所没有过的。科索沃危机爆发前,吕岩松同志多次去过波黑、科索沃,甚至在科索沃的大山里见过"科索沃解放军",这是需要相当的勇气的,因为那帮激进的阿族武装分子对中国记者很不友好。小吕冒着被阿

我的未来不是梦

族分裂主义分子袭击的危险，深入科索沃腹地采访冲突双方的武装人员和居民，想方设法地了解详细情况，昼夜赶写并发回了数十篇对南斯拉夫时局分析、评论的稿件。3 月 24 日，以美国为首的北约在未得到联合国授权的情况下，对一个主权国家实施空中打击。吕岩松在空袭发生后两个小时即向本报发回了独家新闻，并于当日在《人民日报》第一版发表，受到中央有关部门的充分肯定。在以后的 40 多天时间里，他不顾个人安危，冒着随时可能被北约飞机轰炸的危险，多次深入到被北约轰炸的现场。

逐梦箴言

真正的强者，不是流泪的人，而是含泪奔跑的人。

知识链接

1999 年北京时间 5 月 8 日早 5 时 45 分，以美国为首的北约至少使用 3 枚导弹悍然袭击我驻南斯拉夫大使馆。至少造成 3 人死亡，1 人失踪，20 多人受伤，馆舍严重毁坏。当时，我大使馆内约有 30 名使馆工作人员和我驻南记者。新华社女记者邵云环、《光明日报》记者许杏虎和夫人朱颖不幸遇难。据悉，这是外国驻南外交机构第一次被炸。爆炸发生后，中国驻南联盟大使潘占林一直在现场指挥抢救。许多华侨对使馆给予了极大帮助。潘大使在被炸毁的使馆废墟前，愤怒地指出："这是对中华人民共和国的攻击。"

京城的"战地记者"

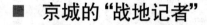

徐滔,北京电视台科教节目中心主任,《法治进行时》栏目监制、主持人。1991年从北京广播学院电视系毕业后分配至北京电视台工作,先后在《北京您早》、《北京新闻》、《法治进行时》栏目从事记者、编辑、主持人工作。 在此期间,她参与了全国第一个早间栏目《北京您早》节目的创办工作,第一年的新闻作品《传单诊所》即获中国新闻奖;另一部作品《跨世纪之路》较早地将特技手法用于新闻节目的制作中,播出后引起了广泛的关注,该作品荣获中国电视奖一等奖。

1999年,徐滔和其他同事共同筹办北京电视台第一个日播的法制栏目《法治进行时》,现《法治进行时》已进入全国所有电视台、所有频道、所有新闻专题类栏目收视率的第三名,这对于一档在午间非上星频道播出的栏目能取得这样收视业绩实属不易。这些荣誉是全体同志辛勤努力的成果,特别是徐滔多次头戴钢盔,身着防弹衣随警作战在第一线,她曾经套上白大褂混进现场采访;她曾经化装成旅客采访火车站前的票贩子;她曾经假扮成疑难病患者给发虚假传单的诊所曝光;在2001年5月13日发生的西站劫持人质案中,徐滔与犯罪嫌疑人面对面谈判9个小时,并协助警方成功地抓获犯罪嫌疑人,被誉为京城"战地记者"。

2004年2月3日凌晨,演员吴若甫在朝阳区三里屯酒吧街遭遇绑架,嫌疑人向其家属索要200万元现金,并扬言自己身上带着手雷,谁抓他们,他们就和谁同归于尽。

我的未来不是梦

徐滔带领《法治进行时》节目摄制组冒着生命危险随警作战。当侦查员按倒怀揣手雷的犯罪嫌疑人王立华时，当特警全副武装冲进关押人质的房间时，徐滔和她的同事紧随其后，记录下了一个又一个震撼人心的画面。此片播出后，在社会上引起了极大的反响。

在徐滔 16 年的记者生涯中，她曾经 5 次获得中国新闻奖，4 次荣获全国社会治安综合治理好新闻一等奖，并 5 次荣获北京新闻奖一等奖，连续 4 年被评为北京市优秀新闻工作者。

1997 年时年 28 岁的徐滔荣获全国百佳新闻工作者称号，成为当时全国最年轻的百佳新闻工作者。

2002 年徐滔获得中国中青年记者最高奖——范长江新闻奖，并荣获首都荣誉民警称号。

2003 年徐滔荣获首都精神文明建设奖章。

2004 年徐滔被推选为北京奥运火炬手，荣获中国电视金鹰奖全国观众喜爱的节目主持人称号，并荣获北京第六届十大杰出青年称号。

2004 年 11 月，作为全国记者型主持人的代表徐滔走入了中国十大名主持论坛。

2005 年，徐滔被评选为北京市先进工作者，荣获五四奖章。

2006 年，徐滔在北京电视台首届十佳主持人评选中荣获第一名，并被推举为都灵冬奥会火炬手。入选中宣部全国宣传文化系统"四个一批"人才，荣获中国电视主持人 25 年 25 星，并被评为"北京市有突出贡献的科学、技术、管理人才"。

2007 年被授予"中国青年五四奖章标兵"称号。

逐梦箴言

人生没有彩排，每天都是现场直播。

知识链接

　　"中国金鹰电视奖"是经中宣部批准，由中国文学艺术界联合会和中国电视艺术家协会主办的全国性电视艺术综合奖，其前身为《大众电视》金鹰奖"，是国家级的唯一以观众投票为主评选产生的电视艺术大奖。第 16 届起改名为"中国电视金鹰奖"，从 2000 年第 18 届开始，经中宣部批准，"中国电视金鹰奖"全面升级为规格更高的"中国金鹰电视艺术节"，每年在长沙举行。自 2005 年起，改为每两年举办一次，并将第 23 届金鹰奖推迟至 2006 年举办。

我的未来不是梦

记住！你是无冕之王！

■ 寻找真相

　　刘畅，《中国青年报》总编室副主任，第六届范长江新闻奖获得者，曾因揭露山西繁峙矿难真相获得中国新闻奖一等奖。1992 年开始记者生涯，1999 年进入中国青年报社，历任记者、首席记者、记者中心副主任、经济新闻部负责人、新闻采访部副主任、总编室副主任等职。曾被一些媒体和社会组织评为首届中国十佳曝光勇士、2006 影响中国九大记者、"我心中的好记者"、2003 年度传媒杰出表现奖等，是国家新闻出版总署教育培训中心兼职教授，香港大学新闻及传媒研究中心访问学者。代表作品有《流泪的呼兰河》、《对一本公款吃喝账的调查》、《艾滋病引发的血液官司》连续报道、《山西繁峙矿难系列报道》、《乌金泪》、《让我们带着教训更好地活着》、《本案与程维高有关》、《山东高唐"侮辱"县委书记事件调查》等。

　　刘畅以调查性报道闻名，2002 年对山西繁峙特大矿难的深入调查，以及 11 名记者收受金元宝受贿丑闻的报道，让这"第 12 名"记者"过早"地捧得了中国新闻界的最高奖项"范长江新闻奖"。出身新闻世家的他，印象最深的一次是大年三十，他和哥哥在家等爸爸妈妈回家，却迟迟不见人影。别人家烧起火、包着饺子，小哥俩却饿着肚子没人管。这时，收音机里突然传来了父母在新闻一线发回的报道。听着熟悉的声音，那一刻，小小年纪的刘畅感到莫名的兴奋，一颗理想的种子就此埋下。

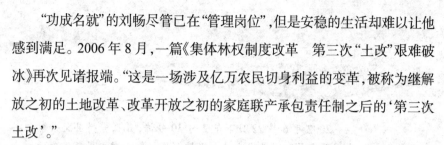

"功成名就"的刘畅尽管已在"管理岗位",但是安稳的生活却难以让他感到满足。2006年8月,一篇《集体林权制度改革　第三次"土改"艰难破冰》再次见诸报端。"这是一场涉及亿万农民切身利益的变革,被称为继解放之初的土地改革、改革开放之初的家庭联产承包责任制之后的'第三次土改'。"

与以往的《流泪的呼兰河——呼兰县许堡派出所侵犯女性权益系列报道》《本案与程维高有关——举报的代价》《乌金泪——黑龙江鸡西、鹤岗煤矿爆炸事故调查》《让我们带着教训更好地活着——华北第一例非典患者首次公开个人经历》等作品比起来,这是一篇相当"温和"的稿子。它深入客观地记述了记者看到的各种现实情况,并在篇尾平和地道出了这一重大政策面临的法律和现实困境,引人关注。"关于调查性报道,往往有一种误解,认为只要调查性报道就必然是揭露性的题材,其实不然。"这样一个关系重大的政策实施过程需要媒体的注视。守望和观察处于转型期的中国社会是记者的职责。

逐梦箴言

"我很感谢记者这个职业带给我的丰厚的人生体验,后来我也跟别人谈起自己获得范长江新闻奖的感受。我说当一个人把职业作为自己生命实现方式,获得了这个行业的最高荣誉,是最大的幸福,是最大的快乐。怀抱着那个沉甸甸的奖杯,那个有着范长江先生头像和我的名字的奖杯,走在北京深秋的风里,我的眼里涌出了热泪,我愿意为实现记者这个职业真正的社会价值而继续努力!"——刘畅如是说。

我的未来不是梦

知识链接

2002年6月22日下午2时30分许，山西繁峙县义兴寨金矿区零号脉矿井发生特大爆炸事故，数十矿工罹难。为逃避责任，矿方不但不组织抢救遇难矿工，反而隐匿并焚烧尸体，毁灭证据。28日，《中国青年报》独家披露了这一震惊全国的消息，引起国务院领导的关注，时任国务院副总理的吴邦国同志作出批示。矿难黑幕由此被层层揭开，涉嫌贪污受贿的当地官员纷纷落马，与不法矿主一同受到严惩。

思想是一条闪光的亮线

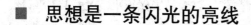

除台湾外，朱海燕走遍了全国所有省区市，走完全国 7.3 万公里铁路线，行程 100 多万公里。京九铁路建设中，他 24 次下京九；南昆铁路建设中，他 12 次下南昆。兰新铁路、内昆铁路、渝怀铁路等各个铁路建设工地都留下他的足迹。他写下 700 多万字的新闻作品，60 多次获国家和省部级新闻奖。特别是 1998 年获第三届范长江新闻奖提名奖后，他戒骄戒躁、与时俱进、奋发努力，1999、2001、2002、2003 年又 4 次获得中国新闻奖。2003 年，报告文学《深秋挥泪送穆青》，获得中国新闻奖副刊金奖。他获得包括中国新闻奖、"五个一工程"奖、中国报告文学奖在内的 10 项全国性大奖；9 次获中国产业报协会新闻一等奖，8 次获中国产业报协会新闻二等奖；19 次获中国铁路新闻一等奖，6 次获中国铁路新闻二等奖，1 次获广东省新闻一等奖。在青藏铁路一期建设中，朱海燕连续 8 年战斗在 3 000 多米的高原上，写下百万字的新闻作品，同时也是第一个报道青藏铁路二期工程的记者。在抗击非典的报道中，朱海燕多次到一线采访，写下 20 多篇通讯、消息和 15 篇系列评论，共 7 万多字。2003 年 7 月，他被中宣部和中国记协授予"全国新闻界抗击非典新闻宣传优秀记者"荣誉称号。

1991 年，他采写的长篇通讯《在没有铁路的地方》，就是一篇最具有民族思考意识的文章。当时，朱海燕是《人民铁道》报的记者，他奉命参加西藏和平解放 40 周年庆祝活动。他去了拉萨，却病倒了。因高原反应，他几

乎一整天呕吐，吐得血水都出来了，医生初诊为肺水肿，要他立即返回内地治疗。他没有走，在拉萨住了几天医院，居然奔走西藏各地，坚持了一个月的"玩命"采访。回京后，他写了《在没有铁路的地方》一文。他在文章中，展示了悲怆的史实："汉武帝元鼎六年，将军李息与羌人对阵，羌人败北，沿着古羌道退往青海湖以南，一夜之间 5 000 余人马冻死于归途。公元 4 世纪初，辽东鲜卑吐谷浑部族移居青海，半数人马突然覆灭。公元 472 年，南朝 300 多人的商队前往波斯湾，途经青海道时，不见踪影，成为千古之谜。公元 641 年，文成公主入藏，随员和牲畜连连死亡，所剩无几，所携物资沿途抛弃。公元 1206 年，号称'蒙古旋风'的几万远征大军在横跨青藏高原的途中神秘失踪……"历史好像近在咫尺，他陡然觉得自己的责任一下子增大了。"西藏太需要铁路了！"——他站在"历史的风雪线上"的呐喊，与西藏大地的呼声一样的急切和焦灼。《在没有铁路的地方》一文的发表引起了高层领导的关注，在中央召开的第三次西藏工作会议上，时任铁道部部长的韩杼滨将这篇文章作为发言的参考文本。当时的西藏自治区党委副书记丹增还专程来京，赶到报社感谢他，丹增告诉他，自青藏铁路第一期工程 1978 年下马后，是他朱海燕写了第一篇呼吁铁路上马西进的文章。朱海燕的文章能感人，能引动高层的特别关注，原因在于他站在自己民族利益的高处，去选择和汇录大量的素材，然后进行着广阔的思维概括。——显然，他凭托了一种博大而富有生气的思想指引，实现了自己作品的意愿目标。新闻写作既是主题写作，也是意愿写作。没有主题，就没有意愿；没有意愿，也就没有主题。有意愿的主题写作，其主题意义就更为突出了。然而，二者又可以在思想影响力的层面上得到统一。朱海燕认为，思想是一条闪光的亮线，有了这条"亮线"，就能把作品的主题思想和意愿目标串连起来。他说："当记者一定要思想博大。"这样的认识与他的高原经历密切相关。

逐梦箴言

流过泪的眼睛更明亮,滴过血的心灵更坚强!

知识链接

　　严重急性呼吸道综合征（英文 Severe Acute Respiratory Syndrome, SARS），是非典型肺炎的一种。在病症的病原体被确定后,世界卫生组织(WHO)根据病症的特点而定名为"严重急性呼吸道综合征"。在未查明病因前,被叫做"非典型肺炎"。2002 年 10 月份左右出现,2003 年 3 月、4 月后逐渐在全国扩散开,当时主要是在北京、上海、广州、山西等地传染的范围比较广,全国其他地方当时也实行严格的管控消毒措施。大概 3 个月之后就彻底解除了警报。

我的未来不是梦

■ "草根"记者

1995年，某血液制品公司为牟取暴利，不顾他人死活，昧着良心将带有病毒的血制品投售市场，造成极大危害。慎海雄得知这一信息后，经过多次艰难而深入的调查，获得大量第一手材料，通过内部报道披露了这一事件。但在报道的关键时刻，提供线索的同志突遇车祸死亡，慎海雄本人也在同一周内遭遇车祸，左臂大关节粉碎性骨折。但慎海雄没有畏惧，他继续追踪调查，又连发了两篇内部报道。朱镕基同志先后两次作出批示，犯罪团伙终于被彻底摧毁，从而避免了更大的灾难。根据这一事件的教训，国家于1996年底出台了《血制品管理条例》。

浙江富阳市委书记周宝法丧失信仰，竟然靠算命先生"指导"工作，在当地造成了恶劣影响。慎海雄三次前往调查，采写内部报道揭露，受到江泽民同志的重视，江泽民同志在中央党校一次重要讲话中专门提起了这桩"怪事"，要求全党同志高度重视理论学习和世界观的改造。1998年，慎海雄采写了内部报道《浙江发生一起"贪官整清官"事件》，引起了中央和浙江省领导的重视，一手制造整人事件的原龙泉市委书记夏某现已被终审判处有期徒刑11年。2000年夏，慎海雄在基层调查时偶然获知临安市一名全国优秀森林警察被妻子雇人杀死在家中，其妻等人被一审判处死刑并已进入二审程序。慎海雄经过多次深入调查，终于摸清了死者"两面人"的嘴脸和案件的真情。他坚决顶住某些人的利诱，连发两篇内部报道，以铁的事实说明了事件真相，彭珮云副委员长派专家赴杭州约见慎海雄。在全国人大常委会的干预下，案情终于明晰，死者妻子等人依法得到妥善处理，保住

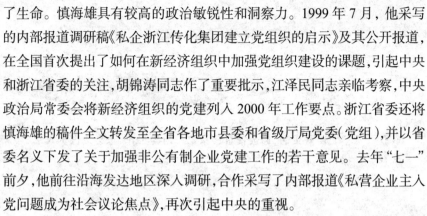

了生命。慎海雄具有较高的政治敏锐性和洞察力。1999 年 7 月，他采写的内部报道调研稿《私企浙江传化集团建立党组织的启示》及其公开报道，在全国首次提出了如何在新经济组织中加强党组织建设的课题，引起中央和浙江省委的关注，胡锦涛同志作了重要批示，江泽民同志亲临考察，中央政治局常委会将新经济组织的党建列入 2000 年工作要点。浙江省委还将慎海雄的稿件全文转发至全省各地市县委和省级厅局党委（党组），并以省委名义下发了关于加强非公有制企业党建工作的若干意见。去年"七一"前夕，他前往沿海发达地区深入调研，合作采写了内部报道《私营企业主入党问题成为社会议论焦点》，再次引起中央的重视。

慎海雄工作 13 年来，每年都有 2/3 的时间下基层采访，连节假日也很少休息。1999 年底，慎海雄担任了分社采编主任。在新闻业务领导岗位上，他以出色的领导才能总揽全局，精心策划，迅速搞活了业务空气，提高了分社的业务报道水平，使浙江分社一跃而为华东地区好稿数量最多的分社，受到上下一致赞誉。2000 年初，由他组织的关于金华市一个 17 岁的中学生因不堪学习重负而杀死生母的事件的报道，受到了中央领导的重视，江泽民同志在中央的一次会议上专门就教育工作发表了重要讲话，从而推动了全国的学生减负工作。在 2001 年底浙江发生的足球界打击"黑哨"行动中，他直接指挥与策划，并在总社的支持配合下，新华社的报道产生了强烈效果，直接推动了足坛"扫黑"。作为长期跑农村的记者，慎海雄每年要接待数十批次的上访农民，他设身处地为他们着想，视他们为亲人。有的农民无钱住宿，慎海雄就自己掏钱帮助他们解决食宿，还经常把他们安置在自己家里。慎海雄平时将饭菜票留在分社食堂，只要上访农民一说找他的，都可以在食堂吃饭。慎海雄坚守作为一名党的新闻工作者的党性原则，模范执行新闻工作者的职业道德。他说自己并没有多少本事，关键是名字前面有 5 个金光闪闪的大字——"新华社记者"。

"如果有人问我：这些年你在报道里写得最多的是什么人？这么多的报道线索又是从哪里来的？我的回答是同一个：老百姓。普通百姓的喜怒哀乐、他们的种种遭遇是我聚焦的焦点，而他们提供的丰富多彩的线索又是我不竭的内参'稿源'。"

我的未来不是梦

记住！你是无冕之王！

逐梦箴言

用爱生活，你会使自己幸福！用爱工作，你会使很多人幸福！

知识链接

1990 年，党中央、国务院决定，给做出突出贡献的专家、学者、技术人员发放政府特殊津贴，这是党中央、国务院为加强和改进党的知识分子工作，关心和爱护广大专业技术人员而采取的一项重大举措。这对于进一步营造"尊重知识、尊重人才"的良好社会环境，加强高层次专业技术人才队伍建设发挥了重要作用。政府特殊津贴选报人员包括两类，一类为专业技术人员，一类为高技能人员。

■ 先亲历再动笔

高艾苏坚持"报道对象在哪里,记者就该出现在哪里"、"先亲历再动笔"的原则,大胆挑战采访极限。

1995年7月25日,高艾苏作为军报记者第一个随空降兵高空跳伞。他的伞衣号是882988。那天的军报,破例刊发了一身迷彩的本报记者在伞包未开时跳向空中的两张惊心动魄的照片。

就在高艾苏跳伞前,一个女伞兵因为伞包故障,牺牲在赶来参观的母亲面前。部队几次来电话商量:"部队刚牺牲一名老兵,记者还跳吗?"高艾苏立下生死状,请空军宣传部直接向空降军军长政委报告:"跳!"就这样,高艾苏以普通一兵身份编入黄继光生前所在班。湖北的7月,高温达39℃~43℃,他天天一早就穿起伞兵鞋和战士一起练长跑。还要蹦高台、跳沙坑、拉吊环、学着陆,每天的作训服就像掉进水里。在18天正规的地面基础训练后,考核获"全优"。他按战斗条例自己叠伞,在"生死合同"——《伞包记录册》上签了字,勇敢地和空降兵一起登上飞机。那天,伞降高度是800米。高艾苏很清楚:伞若不开,一分半钟就会把人摔死在地面。他刚随队跳出机舱,人就以每秒9.8米的"自由落体"速度砸向大地,呼啸的风吹歪了脸,失重的大脑一片空白,只有右手牢牢抓在备份伞的拉环上……急降4秒钟,主伞终于打开!那天,由于背带"活动环"系得太紧,开伞勒伤了他的胸部,但他向部队隐瞒了这个"秘密"。空降场上,军长马殿圣亲自为他戴上"中国空降兵"徽章,说:"你将和你的伞衣一起写入空降兵军史!"

他采写的"战士教我叠伞包"等 5 篇《空降兵伞降训练亲历记》，用第一手材料，全新地向读者展示了空降兵的生活。

同年 3 月 27 日至 4 月 8 日，高艾苏随东海舰队 279 号潜艇深海潜航 12 昼夜，游弋至东海第一岛链，创造了军报记者深海潜航采访的纪录。

神秘的海底世界究竟是啥样？人们多是在电影里看过，但那是模型。高艾苏走进潜艇才知道，狭窄的艇舱内，有害气体达 127 种；而且，我海军潜艇也有深潜遇险、舰员遇难的先例。潜艇紧急下潜后，深海一片漆黑。高艾苏住的"战—7/V"号水兵床头，就有一块深度表：表针一格格移向 10 米、20 米、50 米……耳边先是海水一层层漫过艇壁的"唰唰"声，接着就是钢铁艇身被巨大水压挤出的"嘎嘎"声，充满恐怖和死亡气氛。在这样的环境里，他走向一个个艇舱：下到噪声最大的轮机舱，震得他耳朵要塞上个小灯泡才行；实雷发射时他钻进密闭的鱼雷舱，瞬间真空好像要抽裂耳膜，鱼雷瓦斯差点把他窒息。潜艇上浮水面充电，海上又遇 7 级阵风，滔天巨浪漫过 10 米高的舰桥指挥塔，艇身倾斜达 36°。他胆汁都吐了出来，还把自己捆在床上，坚持"耳朵采访"。为防备海底失事，他也毫不例外地接受"海底逃生训练"：穿救生装具、咬呼吸器、钻鱼雷发射管……他把这些神奇而真实的感受写成"海底战场学吃饭"、"龙宫遇险心不惊"等 5 篇《潜艇航行训练目击记》，赢得一片叫好声。

高艾苏采写的两组亲历式军事新闻获得成功后，社领导和编辑部把这种和平时期的历险采访称之为"上天下海"，让他在全社作报告，促进军事新闻改革。

高艾苏还曾上海军扫雷舰与官兵一起扫雷，经历了水雷吐着引信挂在舰尾铰链上的险情；他曾乘导弹驱逐舰远航，涉险两过马六甲海峡。在南海诸岛礁，他和补给队员一起抢运给养。那天突遇台风，冲锋舟难抗巨浪，指挥员下令抛掉油料给养，他们才在万分危急中返靠大舰。1997 年，海军两支舰艇编队同时出访美洲四国和东南亚三国。他随东南亚编队发回 36 篇文图并茂的《中国军事记者眼中的外国海军》。海军首长称赞记者"是用行家的眼光搞研究借鉴"，此时他已当中国海军"荣誉南沙卫士"5 年了。

逐梦箴言

生活不是等待风暴过去，而是学会在雨中翩翩起舞。

知识链接

　　潜艇或潜水艇、潜水船是能够在水下运行的舰艇。潜艇的种类繁多，形制各异，小到全自动或一两人操作、作业时间数小时的小型民用潜水探测器，大至可载数百人、连续潜航3~6个月的俄罗斯台风级核潜艇。按体积可分为大型（主要为军用）、中型或小型（袖珍潜艇、潜水器）和水下自动机械装置等。大型潜艇多为圆柱形，船中部通常设立一个垂直结构（舰桥），早期称为"指挥塔"（英语：conning tower），内有通讯、感应器、潜望镜和控制设备等。如今的深海潜艇或专业潜艇常已无此设计。自第一次世界大战后，潜艇得到广泛运用，担任许多大国海军的重要位置，其功能包括攻击敌人军舰或潜艇、近岸保护、突破封锁、侦察和掩护特种部队行动等。潜艇也被用于非军事用途，如海洋科学研究、抢救财物、勘探开采、科学侦测、维护设备、搜索援救、海底电缆维修、水下旅游观光、学术调查等，超级富豪甚至用为海下移动豪宅。潜艇是公认的战略性武器（尤其是在裁军或扩军谈判中），其研发需要高度和全面的工业能力，目前只有少数国家能够自行设计和生产。

我的未来不是梦

■ 心中的信条

　　作为新闻战线上的一名记者,穆青在半个多世纪的新闻生涯中始终把"求真"作为第一要义。纵观穆青的一生,特别是在风云变幻的重大历史关头,这种"求真"的态度和信念显得格外耀眼。1966年2月,穆青等人所写的《县委书记的榜样——焦裕禄》发表。在"大讲阶级斗争"的年代,通讯没有一句阶级斗争;在"形势一片大好"的年代,作者却真实地描写了"一眼看不到边的黄沙","枯草在寒风中抖动"等场景。1978年3月,新华社播发穆青和陆拂为、廖由滨合写的通讯《为了周总理的嘱托》,被认为是中国新闻媒体上突破"两个凡是",公开否定"文革"的第一篇作品。

　　1978年11月15日夜,穆青等新华社领导毅然拍板决定,播发《天安门事件完全是革命行动》的电讯,这则只有239个字的消息如石破天惊,被称为中国开始拨乱反正历史进程的标志。20世纪90年代初,改革发展又面临一个紧要的关口,姓"社"姓"资"争论激烈。1992年1月初,穆青等人采写的《风帆起珠江》,以生动雄辩的事实,肯定了改革开放的巨大成果,以广东的巨大变化为改革开放"正名"。穆青生前喜欢给青年记者留两句言:"勿忘人民"和"坚持真理,把握大局"。这也正是他作为一代名记者,生命力和感召力的不竭源泉。

逐梦箴言

前有阻碍,奋力把它冲开,运用炙热的激情,转动心中的期待,血在澎湃,吃苦流汗算什么。

知识链接

新华通讯社,简称新华社,是中国国家通讯社和世界性通讯社,是涵盖各种媒体类型的全媒体机构。新华社的前身是1931年11月7日在江西瑞金成立的红色中华通讯社(简称红中社),1937年1月在陕西延安改为现名。新华社总部设在北京,在全国除台湾省以外的各省、自治区、直辖市以及香港特别行政区、澳门特别行政区设有33个分社,在台湾省派有驻点记者,在一些重点大中城市设有支社或记者站,在中国人民解放军、中国人民武装警察部队设有分支机构,在境外设有140多个分支机构,建立了比较健全、覆盖全球的新闻信息采集网络,形成了多语种、多媒体、多渠道、多层次、多功能的新闻发布体系,每天24小时不间断用中文、英文、法文、俄文、西班牙文、阿拉伯文、葡萄牙文和日文8种文字,向世界各类用户提供文字、图片、图表、音频、视频、网络、手机短信等各类新闻和经济信息产品。

我的未来不是梦

◎ 智慧心语 ◎

夫力不足则伪,知不足则欺,财不足则盗。

——庄　子

实事求是。

——班　固

真的猛士,敢于直面惨淡的人生,敢于正视淋漓的鲜血。

——鲁　迅

不真实的思想必然地、不由自主地要伪造不真实的事实,因此也就会产生歪曲和撒谎。

——马克思

你应将心思精心专注于你的事业上。日光不经透镜屈折,集于焦点,绝不能使物体燃烧。

——毛　姆

第四章

客观公正的态度

李昌文

○导读○

　　雪压青松松更翠，风扑烈火火更明。做人、做事都是如此，秉持一个客观公正的态度很重要。

■ 声声泪，字字血

李昌文是从当农村记者开始的。

1987 年，怀揣着报效故土的愿望，李昌文从南京大学中文系毕业，来到山东人民广播电台做了一名跑农业的记者。从 1987 年到 1997 年，整整 10 年间，他跑遍了山东的山山水水、沟沟坎坎。10 年，他从一个少年壮志的学子成长为一名有着成熟的思想和责任感的新闻人，不仅学会了做文章，懂得了作为一名新闻工作者的辛苦、辛劳，还明白了怎样做一个人，做一个好记者。

1993 年，山东省发生重大旱情，黄河断流 3 个月，这对长期依赖引黄生产、生活的鲁西北地区来说，成为一个难以承受的现实。李昌文沿黄河奔波一个多月，对沿黄两岸 9 个市地作深入采访。他在采访中发现，由于两岸人民形成了对引黄工程的依赖，致使许多地方大批机井失修、老化乃至报废，在大旱之年断了自己的后路。而机井建设、管理搞得好的齐河县贾市乡未雨绸缪，他们的井灌为抗旱用水提供了有力的保障，大旱之年并无旱象。李昌文深深地感到，这次大旱不应该仅仅是自然灾害，人类的生存与发展，不应该过多地维系在大自然的恩赐上，应该立足于人类的智慧和奋斗。于是，他写了自己的第一篇广播评论《引黄引发的思考》。这篇评论获得当年的山东省新闻奖一等奖、中国广播奖二等奖。这对于从业 5 年首次获得如此高的奖项的李昌文来说，是一种很大的鼓励，从此，他开始尝试着写广播评论。

我的未来不是梦

　　1995年，山东省公安厅在全国率先推出"禁酒令"，禁止公安人员在工作日饮酒。在民众对吃喝风滥行的不满声中，山东此举意义重大。李昌文凭借自己的政治敏锐性，从一纸"禁酒令"发掘出其对加强党风廉政建设，巩固党的执政地位的充分意义。他撰写的新闻述评《小酒盅里有政治》，在山东省乃至全国引起很大反响。在管理上，李昌文奉行的都是"无为而治"。他用他写惯评论的笔写下了这样的管理原则："用人不能求全责备，凝聚人不能厚此薄彼，发展人不能急功近利，成就人要竭尽全力。"这种"关心尊重在前，管理要求在后"的软性管理模式还真的带出了一支能打硬仗、敢打硬仗的队伍，打造出了一批精品栏目。《山东新闻》《新闻焦点》栏目已连续3年被评为山东省优秀栏目；新闻部先后荣获"全国新闻界抗击非典先进集体"、"全省抗洪救灾先进集体"、"全省广电系统先进集体"等荣誉称号，有100多件作品获得国家及省级奖励。中央台发稿连续5年位居全国省级电台第一名，受到省委、省政府嘉奖。

　　如今的李昌文因为率领着一个七八十号人的新闻部而少有时间再写广播评论了。问及创作时的艰辛，李昌文沉默良久，吐出了6个字："声声泪，字字血。"李昌文说，他这一辈子最大的愿望，就是把分配给自己的工作做到尽量完美，完成任务他就无怨无悔了。至于荣誉，应该是"宠辱不惊"地看待。等到退休了，或许他再也不会去翻过去的文字。一盆花，一个人，情同此理。这就是李昌文的"简单哲学"。李昌文在山东广播电视局给他开的庆功会上，作了一个简单的发言，题目叫"心存感激"。他说："圆了范长江新闻奖的梦后，作为新闻人来说，在荣誉上已经到了最高点。但是作为一个广播新闻工作者，我还是只能一切从零开始。我没有想象的那么优秀，但我一定会努力，做一个像范长江同志那样'忠诚事业，心系人民'的好记者。"

逐梦箴言

只有一条路不能选择——那就是放弃的路；只有一条路不能拒绝——那就是成长的路。

知识链接

李昌文曾获"山东省优秀新闻工作者"、"山东省劳动模范"荣誉称号，三次荣立山东省人民政府二等功。2001年获山东省新闻工作者最高奖"泰山新闻奖"。2004年，荣获中国新闻工作者最高奖第六届范长江新闻奖，成为山东省新闻界获得此项殊荣的第一人。

■ 书写历史

几年前，一组揭露利益驱动下非法采沙人蹂躏呼兰河的报道轰动了全国。黑龙江《生活报》连续 3 天对呼兰河挖沙事件进行了持续报道，直接曝光了挖沙背后管理部门不作为和黑社会的嚣张嘴脸，最终使采沙行为全面告停。但有谁知道，在胜利的背后，生活报社社长包临轩和记者们付出了多少心血，顶住了多大压力？

"你就是生活报社长吧？你们整的呼兰河报道想斩尽杀绝呀？我告诉你，你家住哪儿我们都知道！"面对一次次威胁，包临轩说："我不知道你是谁，跟呼兰河挖沙的人有什么关系，但我告诉你，采用这样的方式是吓不倒人的！"

——他们，不仅用行动对"铁肩担道义，妙手著文章"作了最好诠释，更展现新一代新闻人客观公正、激浊扬清的职业操守，攻坚克难、善打硬仗的顽强作风。

西藏人民广播电台副总编普布多吉一直患有高血压病，但为了策划组织西藏自治区成立纪念报道，他不顾病痛仍然进行长时间、高强度、超负荷工作，突发脑出血，在半身麻木的情况下仍坚持工作，在同事的劝说下去医院检查时，脑出血已长达 10 小时。中国铁道建筑报记者江耀明在青藏铁路建设的 5 年中，24 次登上海拔 5 000 米的生命禁区，深入一线采访，与铁路工人同吃、同住、同劳动，突患急性心梗被送往医院治疗后，他也是病情稍有缓解就又一次返回可可西里、唐古拉山采访。

——他们，不仅践行了"手无寸铁兵百万，力举千钧纸一张"的精神，更突显了新一代新闻人奉献祖国、服务人民的高尚情怀，与时俱进、开拓创新的精神状态,严谨细致、精益求精的敬业精神。

《深圳:不平凡的十五年》《抓稳定也是抓发展》《深圳股市狂热潜在问题严重》《为抗击非典探路》……作为人民日报社驻站时间最长的记者,人民日报社广东分社社长王楚 27 年来紧紧把握中国改革发展大趋势,匡扶正义,勇于创新。

《警惕"餐桌上的污染"》《一些城市限制出租车车型后果堪忧》《新华社记者乌鲁木齐事件亲历记》《"渤海二号"钻井船事件》……新华社副总编辑夏林从事新闻工作 32 年来对社会充满责任感,对新闻事业充满激情,采写和组织的大量稿件在读者中引起反响,产生很大社会影响。

一篇篇发自肺腑、感人至深的稿件是他们对时代和人民的讴歌。

一组组荡涤心灵、启发心智的作品是他们对矛盾和焦点的反思。

新时期的新闻工作者,日复一日、披肝沥胆、辛勤工作、无悔付出,为了信仰和理想而忘我工作着,但工作中的苦辣酸甜却只有自己知道。

钻山沟、赴海岛,下哨所、上火线。33 年来,边防警察报记者王超杰始终奔波于 4 万公里边海防一线,发稿 5 000 余篇。1981 年 5 月 27 日,"东突燎原党"百余党徒妄图攻打伽师县城,武装民警深夜 3 点前往阻击,王超杰 6 点就踩着弹壳赶到距暴徒仅有 300 米的掩体内,同指挥员并肩战斗,并在硝烟中赶写了通讯《人民的忠诚卫士》。

多少次,排排子弹呼啸飞过,尘土溅满身,而在血与火面前,王超杰总是冲锋在前。他的现场照片成为重要资料,他的稿件再现了我国公安边防警察的英勇事迹。

"如果照片拍得不够好,那是因为离得不够近。只有冲到新闻现场,才能拍到有视觉冲击力的新闻照片。"《河南日报》摄影记者王天定说。如今已年过 50 的王天定,依然坚持在采访一线,每年基层采访的时间都在 250 天左右,见报照片 400 幅以上。每次到基层采访,往返都是乘公交车或火车,从不要求报社或地方派车接送,不讲吃住,他的吃苦精神和踏实的采访作风感染了同事,感动了乡亲。

记者之路充满鲜花和荆棘,而对女记者来说,新闻之路更为不易——

2008 年 5 月 12 日汶川特大地震的消息传来,中央电视台记者张泉灵

在刚刚完成海拔 5 200 米的大本营主持珠峰火炬报道直播后，顾不上回家见一见分别数十天的不满两岁的孩子，当天就主动请战，搭上了震后拉萨飞往成都的第一班飞机，奔赴灾区。

为了不给救援部队添麻烦，不占用救援资源，张泉灵和同事一起，徒步40 公里，进入重灾区，成为第一支到达漩口镇的电视媒体队伍。为了记录援救现场情况，她和同事们在援救幸存者现场一待就是十几个小时。周围钢筋林立，一不小心，就会踩空掉进废墟，但为了将灾区救援情况第一时间传递给外界，她和同事们不知徒步穿越了多少危险地带，经常滴水未进却要连续奋战，给后方传回大量一手的珍贵画面资料。

广大新闻工作者怀着强烈的使命感和责任感，凭着坚定信念，坚持完成关系到人民切身利益及安危的系列重大事件报道，为党和国家战胜一系列重大自然灾害、应对一系列重大突发事件、为成功举办一系列重大活动，营造了良好舆论氛围。

逐梦箴言

业精于勤，荒于嬉；行成于思，毁于随。

知识链接

2008 年 5 月 12 日 14 时 28 分，四川汶川发生震级里氏 8 级的特大地震。这是新中国成立以来破坏性最强、波及范围最广、救灾难度最大的一次地震，涉及四川、甘肃、陕西、重庆等 10 个省区市，灾区总面积约 50 万平方公里，受灾群众 4 625 万多人，造成 69 227 人遇难，17 923 人失踪。

投笔从戎的"洋八路"

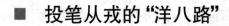

他是一名记者,却以战士的身份牺牲在战场上;他是一个欧洲人,却在中国的抗日战场上流尽了最后一滴血。以各种方式支持中国人民抗日战争的外国人很多,但是穿上八路军的军装、拿起枪来,同法西斯战斗而死的欧洲人,他是第一个。

希伯生于克拉科夫(现属波兰),后到德国上大学并加入德国共产党。通晓英、德、俄、波兰和中国5国文字。

希伯不是他的原名,他的原名波兰文CRZYB,德文名Muller,英文名Hans Shppe。来到中国后,新四军卫生部长沈其震给他改名为汉斯·希伯。

希伯对中国人民和中国革命有着深厚的感情,曾几次来到中国,曾编辑英文刊物并撰写过大量政论文章。他先后参加过国民革命军、新四军、八路军,直至牺牲在沂蒙山区。

1932年秋天,希伯和夫人秋迪一起又从德国来到上海,发起成立国际马列主义学习小组,成员有史沫特莱、马海德、路易·艾黎等。此后的5年间,他在上海广泛活动,呼吁建立世界反法西斯联合阵线。他在美国《太平洋事务》《亚细亚杂志》和德国《世界舞台》等多种报刊上,发表了大量关于中国和远东问题的文章,成为世界著名的反法西斯政论家。

1938年春,希伯到了延安,受到毛泽东的亲切会见。1939年,他以美国太平洋学会《太平洋事务》月刊记者的身份,来到新四军军部驻地皖南泾县云岭,会见了周恩来、叶挺、刘少奇、陈毅等领导人。在苏北,他完成了一

我的未来不是梦

本 8 万字的书稿《中国团结抗战中的八路军和新四军》。

1941 年 9 月，为了向世界人民报道八路军和山东敌后英勇抗战的事迹，希伯决定到山东抗日根据地采访。新四军首长告诉他，敌人对山东的"大扫荡"马上就要开始，很危险，劝他暂时不要去。希伯说："正因为这样，我才更应该去！那里从没有外国记者去过，更需要我！许多问题我到了那里才能找到答案。"

希伯到达山东滨海区（今临沂市莒南县）后，不知疲倦地采访、写作。人们常见他肩背装有地图、望远镜、搪瓷杯、毛巾的牛皮囊，活动在部队、村民中间。他不仅采访党政军领导人，采访战士和农民，采访日军战俘，参加各种集会，而且还参加夜袭战斗，实地观察战士们如何打击敌人。很快，他就写出了通讯《在日寇占领区的旅行》《八路军在山东》和《为收复山东而斗争》等长篇报道。

《在日寇占领区的旅行》一文中，希伯写道："日本帝国主义宣布'占领'了山东，但是，我——一个反法西斯的新闻记者，却在这个'日本占领区'自由自在地旅行，却在这个地区遇到了千千万万武装的抗日战士和人民，却在这个地区到处瞥见日本'皇军'的破盔烂甲和破裂的'太阳旗'。我亲身经历的这些事情，很多外国人是难以想象的，如果有人不相信这些事实的话，到了中国人民在某一天全部光复了自己的土地的时候，那些人会感到惊讶。"

希伯白天采访，晚上写作，人们时常听到他的打字机响到深夜，有时通宵达旦。夫人秋迪回忆说："别人吃药（安眠药）是为了睡觉，希伯吃药（提神药）是为了夜以继日地工作。"

1941 年 11 月初的日军"大扫荡"前夕，山东分局决定让希伯夫妇暂回上海躲避。而希伯坚决不干："让秋迪回去我同意，但我决不离开山东。一个有作为的记者，是从来不畏惧枪炮子弹的！"

11 月 29 日晚，雪骤风急。希伯随后方机关 3 000 多人转移时，身陷日军重兵合围。希伯的翻译和几名警卫员为掩护他全部牺牲。希伯奋起持枪与敌人血拼，在大青山五道沟下的獾沟子附近一连击毙几名日军后，血染沙场,时年 44 岁。

徐向前、聂荣臻元帅分别为希伯题词:"伟大的国际主义战士希伯同志永远活在中国人民心中。""伟大的国际主义战士、中国人民的亲密战友汉斯·希伯同志永远活在我们心中"。

逐梦箴言

伟大人物的最明显标志,就是他坚强的意志,不管环境变换到何种地步,他的初衷与希望仍不会有丝毫的改变,而终于克服障碍,以达到期望的目的。

知识链接

抗日战争是 1937 年 7 月至 1945 年 8 月,中国人民进行的 8 年反抗日本帝国主义侵略的伟大的民族革命战争,也是一百多年来中国人民反对外敌入侵第一次取得完全胜利的民族解放战争。这场战争是以国共两党合作为基础,有社会各界、各族人民、各民主党派、抗日团体、社会各阶层爱国人士和海外侨胞广泛参加的全民族抗战。中国的抗日战争是第二次世界大战的重要组成部分。

我的未来不是梦

■ 朝着北斗前进的真理朝圣

沃尔特·李普曼是美国著名的新闻记者、专栏作家。罗纳德·斯蒂尔在《李普曼传》里这样评价说："他并不指挥千军万马，然而他确实有左右舆论的巨大力量。""整整三代人靠沃尔特·李普曼指点政治事务的迷津。"当时，李普曼是美国家喻户晓的人物。《纽约人》杂志上曾刊登过一幅漫画：两位上了年纪的妇女坐在火车上的餐厅里，其中一位拿着《先驱论坛报》对另一位说："哦，我每天早上只喝一杯咖啡加李普曼的文章，这就是我的需要。"还有些作曲家把他写进流行小调中，于是李普曼的名字也响彻歌舞厅中。

李普曼一生辛勤写作 60 余年，共撰写社论、专栏文章等上万篇，约千余万字。此外，他还写有《政治序论》、《自由与新闻》、《舆论》、《幻影般的公众》、《冷战》、《美国的外交政策——共和国的盾牌》、《共产主义世界与我们的世界》等 30 多本书。他曾两次荣获普利策新闻奖，3 次荣获海外记者俱乐部奖金。李普曼虽曾被称作"报坛圣主"，但他却不是先知先觉的圣人。正如詹姆斯·赖斯顿所概述的："关键并不在于李普曼永远正确或者他从未改变过主意，甚至偶尔在理论上自相矛盾，而在于半个世纪以来他发起思考、鼓励辩论，促成一些事物的明朗化，而且经常推动政策的修改，并扶持全国对重大问题的讨论……他为我们这一代新闻记者开辟了对自身职责的更为广阔的视野。"李普曼的成功是走着一条具有开创性道路的，为新闻工作者提供了可资借鉴的经验和教训。

"朝着北斗前进的真理朝圣者"

李普曼于 1889 年 9 月 23 日出生在纽约，父母是第二代德国犹太移民，家境富裕。他是独生子，有条件接受良好的教育。1906 年由萨克斯男校推荐直接升入哈佛大学。在大学里他只用了 3 年时间便读完了 4 年的课程，曾任著名的哲学教授乔治·桑塔亚纳的助手。就在即将获得硕士学位的前夕，他毅然走出校门，选择了新闻写作的道路。

他热爱文学和写作。他曾说过："没有文学人民是愚蠢的，没有小说、诗歌、戏剧和批评，就没有想象，也没有一个共同的理想。没有文化，你能打倒政府，贫富颠倒过来，但是你不能够创造一个人们生活中真正的革命。"他在哈佛大学广泛阅读了但丁、歌德、易卜生、萧伯纳、夏芝、韦尔斯、辛格等名家的作品，深受他们思想的影响，产生了改良社会弊病的强烈意识。他的理想是"在痛苦的贫民窟上建立人类幸福的城堡，……使'人类皆兄弟'这类字眼具有意义。"他认为写作是实现这个宏图大略的办法之一。

他热爱写作，在中小学时代已开始发表作品，上哈佛大学后，曾接受过查理斯·科普兰教授的严格写作训练，并参加了校刊的编辑工作。他确信写作是自己的拿手好戏，只有写作才能使自己成名。所以他于 1910 年 5 月投身于《波斯顿平民报》当了记者。

他在 1914 年给厄普顿·辛克莱的信中说："一个人必须确定他的工作是什么，然后持之以恒。我知道我不是宣传鼓动家。……我们每个人只能干为数不多的事，所以他应该避短扬长。"他选择了批评和评论的一生，而不是个人权力和对职位孜孜以求的一生。他为新闻事业奉献了毕生精力，为美国和世界在新闻、外交、哲学等方面都做出了贡献。正如范·威科·布鲁克斯所称颂的：他是"美国献身于政治写作的人当中最光彩夺目的。"经过 60 多年的风雨写作历程，实现了他对自己的恩师格雷厄姆·沃拉斯所许下的诺言：要做一个"朝着北斗前进的真理朝圣者"。

美籍华人赵浩生先生称李普曼是美国新闻界的思想家，并说李普曼去世后，美国新闻界已无思想家了。正如罗纳德·斯蒂尔所说的，经历了精

我的未来不是梦

神分析学的革命、布尔什维主义和法西斯主义、核裂变和疯狂的民族主义，他终生都在力图理解这些革命，都在帮助他的同胞们"适应现实"。

"永世记取的原则"

李普曼还在哈佛大学读书时，就被颇有名气的揭丑记者林肯·斯蒂芬斯看中，认为他是一个"深通文墨，写作俱妙的人"。并向同事们称赞说："他的理解力极强，他观察敏锐、镇静自如、勤勉好学，能够理解所学的一切。他向人发问时总是穷根究源，比我更胜一筹。"斯蒂芬斯还和同事们打赌说，一年之内他能将李普曼训练成一个出色的记者。

李普曼在《波士顿平民报》工作两个月后便转去当斯蒂芬斯的助手。斯蒂芬斯指导他对华尔街的商业、金融和政治问题进行调查研究。经过几个月艰苦奔波搜集资料，他写出一份有分量的报告。经过斯蒂芬斯的"大胆出色的分析"，分期连载于《人人》杂志上，向公众展示了纽约银行与华尔街主要金融机构之间的秘密勾当，引起社会强烈的反响。由此李普曼头角初露，成为一名出色的记者。

在与斯蒂芬斯共事的一年里，李普曼学到了一些他后来永世记取的原则：一切言论必须严格基于事实，在动笔之前一定要胸有成竹。这也是他专栏文章成功的主要因素。

此后他曾通过著书立说或演讲向新闻界强调严格遵循事实的重要性。他认为"可靠的新闻、真实的资料、公正的报道和不偏不倚的事实"可以使公众得到所需要的消息，借以对公共事物作出明智的判断。

要真正做到严格遵循事实并不是一件容易的事。就以精确报道著称于世的《纽约时报》为例，李普曼和查尔斯·梅尔茨对它自1917年2月至1920年初的报道进行了调查研究，发现其中报道布尔什维克政府行将垮台的消息达91次之多；它所援引的关于俄国革命的事件和暴行也都是没影儿的事。于是他们得出这样的结论：《纽约时报》所发出的消息不是基于事实，而是由"组成新闻机构的那些人的愿望所主宰的"。因而"人们所读到的并不是事实，只不过是一些人所希望看到的东西罢了"。他们还分析说，尽管几乎没有记者和编辑要故意压制报道事实，但大多数人都由于轻

记住！你是无冕之王！

信、偏见或缺乏常识而上当受骗。其后果是在危机关头,他们对公众认识的贡献"就好比占星家和炼丹士的作用"。

李普曼还认为,对事实的歪曲,已深深植根于人们头脑的功能之中。因为大多数人对世界的认识是通过他们的情感、习惯和偏见这个三棱镜的反射而得到的。所以有人看见威尼斯运河的彩虹,而有的人看到的只是废物和垃圾。他在《舆论》一书中写道:"我们不是先看到事物,然后给它们下定义,而是先下定义然后再去看它们。"他还说,我们是根据我们的文化所需求的"陈规陋习"来给事物下定义的。如果陈规陋习所决定的不是怎样观察事物而是观察到什么事物的话,那么,我们的观点只能部分是真实的。

李普曼是怎样做到严格遵循事实并要求新闻工作者也应该做到的呢?1959 年 9 月 23 日,即他 70 岁生日那天,他以在全国新闻工作者俱乐部的讲话回答了这个问题。他说记者的职业是"在兴趣所及的某些领域,我们以由表及里、由近及远的探求为己任,我们去推敲、去归纳、去想象和推测内部正在发生什么事情,它昨天意味着什么,明天又可能意味着什么"。这可以说是他新闻写作的经验总结。他在讲话中还说:"因为我们是具有美国自由传统的报人,我们阐述新闻的方法不是以事实去迁就教条。我们靠提出理论和假设,这些理论和假设然后要受到反复的检验。"这一提法是符合实践是检验真理的唯一标准的。他认为如果后来的新闻与之不符或推翻早先的报道,自由的、诚实的人就应该废弃我们的理论和阐述。李普曼虽是美国杰出的外交事务分析家,但他在有关外交评论文章中也时有错误,不过他勇于承认错误和改正错误。例如他对一位采访者说:"在我的记忆中,我做的最蠢的事就是在第二次世界大战中,我也曾跟着叫嚷,为了拯救芬兰,要对苏联开战。这是最荒谬不过的建议了。"在 20 世纪五六十年代,美国刚开始轰炸朝鲜、越南时,他也发过谬论,表示支持,但不久他就急转弯"炮打杜鲁门"、"反戈一击约翰逊"。为追求事实、报道事实,他不惜付出惨重的代价。

"像写诗一样精雕细琢"

李普曼在新闻学中提出反格雷沙姆定律的理论,即一份优秀的报纸最终会挤垮一份拙劣的报纸。他坚持说,读者最终会对耸人听闻的东西感到

厌烦。当他们成熟时便希望报纸"越来越严肃,越来越少耸人听闻的东西,越来越可靠和全面"。他认为一份老是重复陈词滥调的报纸会逐渐衰败。上述定律也反映了李普曼的新闻写作观,他追求的是内容精警,形式新颖。他曾说过,哪怕是报道街边一起火灾,他也会像写诗一样精雕细琢。他不像一般记者那样抢先发新闻,更瞧不起那种精心策划"泄露消息"的做法。

他说,一个新闻记者不仅要有一定的工作经验和关心时事的习惯,而且要有对时事的敏感性和准确运用语言的能力。如果他不会借助自己丰富的经验直接观察世界,那么,他只会报道事件的表面现象,"报道航船的余波,而忘记了潮流、激浪和海啸。他会报道一些事件的浮光掠影,而不会报道这些事件的目的"。而李普曼的社论、专栏文章往往是引领潮流,令美国和全世界都瞩目的激浪和海啸。例如1916年,李普曼针对德国向协约国提出的和平建议方案,在《新共和》上发表社论《不分胜负的和平》,拒绝德国的建议。威尔逊总统比任何读者都更加注意这篇社论。几个星期之后,总统在参院宣布说,战争必须以谈判的方式结束,唯一的解决方式是一项折衷的和平,一个"不分胜负的和平"。尽管总统是在完全不同的意义上使用这个词的,但报界很快就开始使用"不分胜负的和平"这个词了。人们认为是李普曼使总统讲了这番话的。不久李普曼又写了一篇重要的社论,称美国是大西洋沿岸国家共同体整体的一部分,对这一共同体的进攻就是对美国自身安全的威胁。德国以潜艇战来切断"对我们世界生死攸关的海上通道",就威胁了"大西洋共同体"的生存。"大西洋共同体"这个词由此而生,并风行世界。在第一次世界大战的关键时刻,李普曼接连发表精辟的社论,吹响了美国参战的号角。李普曼关于废除金本位的文章,促成总统采取行动,曾使美国顺利渡过30年代初经济大萧条的难关。由于他的努力,在评论文章中正确引导舆论,还阻止了一次美国对墨西哥的入侵。对全世界产生影响的是他于1947年针对乔治·凯南关于遏制苏联的文章所写的反驳文章。他在"今日与明日"专栏中连续发表了14篇评论。"当最后一篇登出来时,不论在哪里,人们只要聚在一起讨论国际政治,李普曼的文章便是当然的话题。""世界上各个外交部和总理府都仔细研究了这些

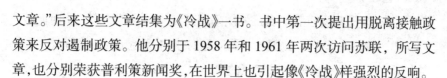

文章。"后来这些文章结集为《冷战》一书。书中第一次提出用脱离接触政策来反对遏制政策。他分别于1958年和1961年两次访问苏联，所写文章，也分别荣获普利策新闻奖，在世界上也引起像《冷战》样强烈的反响。

李普曼文章的魅力还来自他精雕细琢的形式。正如霍姆斯法官对其朋友所说的："李普曼的文笔对我来说就好比是粘苍蝇的纸。我一碰它，便紧紧被吸住，直到读完为止。"李普曼认为干瘪的语言会使政论文章窒息，而谨小慎微使用"规范化的句套"则会"扼杀了政论文章"。他主张用鲜活的大众语言和文学语言来写政论文章。他曾强调说能够表达"奇特多变的现代生活"的不是政治家，而是小说家，因为他们认识到"人类的真正言论是带有习语性质的，即使不来自苍天大地，至少也来自酒吧间和体育场的露天看台上"。他非常赞赏著名记者兼诗人的杰克·里德关于墨西哥战争的报道。他写信给里德说："我真想拥抱你，杰克！——如果都像你这样对历史进行报道，上帝，我得说报道是从杰克·里德开始的。……这些报道当然是文学作品，我只到后来才意识到这一点。它栩栩如生地反映了墨西哥和你本人。"

李普曼善于把复杂的事务综合整理，使之成为普通读者能够理解的语言，自然地把读者引入对一个错综复杂问题的讨论之中。例如他为《世界报》写的第一篇社论便显示了他这方面的能力。其内容是关于法国对德国苛刻政策的分析。在文章的开头，他是这样写的："要德国履行战争赔款的条约，就好比把一个破产的人关进监狱，用手枪顶住他的脑袋，强迫他立一个字据，保证在十年之内偿付一千万美元。然后对他说，他必须在以后的十年里从一堆石头上挤出钱来，从而成为一个模范犯人。"这样就对一般不关心这类外交事务的读者具有吸引力了。再如《月亮的启示》，内容是关于苏联发射了人造卫星的。他在文章中说："简言之，我们在卫星发射的竞赛中失败了，表明我们在空间技术方面已居下游。这也说明，美国以及整个西方世界在科学、技术的发展方面已经落后。"他分析说，形势是严峻的，问题是尖锐的，"我们可以从宣传的角度作出反应，比如想办法做一点令人眼花缭乱的事情，从而使俄国人的成就相形见绌。然而，我们也可以作出这

样的反应，即深刻反省我们自己的缺陷，并且决心战胜俄国人，从而挽救我们自己"。他进一步分析美国自身的问题时指出，繁荣成了麻醉剂，麦卡锡主义影响了美国科学家和思想家的自信。麦卡锡主义造成的巨大的破坏表现之一，"是打击了这样一种思想，即创造与平庸的区别在于前者有特别的勇气走真理指引的道路，而决不考虑真理指向哪里"。正如勒尼德·汉德所说的，他的文章表达了一种在论述方面所具有把握的自信和一种寓意深长的功底，既趣味无穷，又有感染力。威尔逊总统也高度评价说："李普曼写的东西，不仅深思熟虑，而且有条有理，又寓意深长。"

罗纳德·斯蒂尔说："李普曼的社论文章写得优雅别致，精细工巧，且注重基本原则。这些特点使人们对他的社论刮目相看，但对《世界报》蓝领阶层的读者来说，这似乎是高不可及的。"他的"今日与明日"专栏文章到后期更是"精雕细琢"。他的文章，"总是力图脱离争辩中平淡无奇的陈词滥调，寻找终极真理的本质"。

"不能对自己的名誉视而不见"

李普曼认为美国新闻界存在各种腐败现象，其主要形式是在各种幌子和伪装下，在社会上向权力的顶峰钻营攀升。他说："诱惑物是很多的，有的比较简单，有的精心制作；而且常常是在不知不觉之中使你屈服。只有始终不懈地对此保持清醒认识，才能得免于此。"这是他的亲身体验，他在这方面的教训也很多。

谦恭谨慎，戒骄戒躁，是他遵循的一条准则。他说这条准则是从佛兰克·科布那里学来的。而且科布在其生命垂危的漫长的一年里反复地告诫他说："记者更多地毁于自恃自傲，而不是毁于烈酒。"正由于他遵循着这样一条准则，在他同时代的记者中，他享有温文尔雅、谦逊朴实和正真诚实的美好名声。理查德·罗维尔称颂他说："比他那一代美国人当中的任何人都更宽厚、更谦恭、更迅捷和更乐于奖掖后进。"

他不仅独善其身，而且对新闻界滥用特权的问题和不道德的行为也特别关注。他曾在他的一些社论里批评那些法庭的法官和那些专搞耸人听

闻消息的小报记者串通一气，对一些离婚案、凶杀案添油加醋。他举出阿巴克尔、莱茵兰德、霍尔-米尔斯、布朗宁和卓别林等一连串的案子，都被他们利用来榨取利润。他说这些东西不过是一系列为了使人们怡情悦性而在全国上演的光怪陆离的东西而已。这些都是欺世盗名的，是骗子手为容易上当受骗的人们而炮制的。他一针见血地指出"蓄意和商业的"海淫性质，"其目的是在法律允许的范围内，向人们提供最大限度的色情刺激"。他对自己的同事、甚至是有恩于他的人，他也不能容忍他们的马马虎虎的道德行为，他会表示不满或提出批评，以至于与人结怨。

　　他非常重视自己的名望和声誉。他于1914年7月5日写下日记："从事公共事务报道的记者不能对自己的名誉视而不见。因为名誉不仅仅是为了满足一个人的虚荣心。为了了解世界，你必须要与人们交往，而你的名誉则是与人们交往的唯一途径。"他恪守这一信条，可视为他能够成为名记者的重要保证因素之一。

逐梦箴言

　　成功的记者不仅能够做到真实准确地报道事实，更能在新闻事业中展现出深厚的记者素养和独有的新闻思想。

知识链接

　　墨西哥独立战争（1810—1821）是指墨西哥人民与西班牙殖民当局之间爆发的一系列武装冲突，开始于1810年9月6日。它以理想主义的农民对殖民地领主的反抗为开端，却以自由派与保守派达成同盟而告终。

我的未来不是梦

● 智慧心语 ●

平而后清,清而后明。

——司马光

一切背离了公正的知识都应叫做狡诈,而不应称为智慧。

——柏拉图

让我们记住,公正的原则必须贯彻到社会的最底层。

——西塞罗

公正不仅是一种美德,而且是一种力量。

——拿破仑

第五章

准确朴实的文风

法拉奇(左)

◦导读◦

　　说出一个人真实的思想是人生极大的安慰。准确朴实的文风是新闻记者最基本的准则。

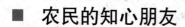

农民的知心朋友

　　杨登榜,男,四川成都人,获首届范长江新闻奖时为四川省金堂县人民广播电台编辑部主任。

　　他 1972 年参加新闻工作,在金堂县广播站先后任播音员、记者、编辑、编辑部主任。1980 年至 1990 年,由他本人及与他人合作采编录制的广播节目、稿件有 25 组(件)在省市、全国获奖。他生活、扎根在基层,热情地为农村听众服务。作为节目主持人,他采编的节目,从选题到形式以及播音方式,都有浓郁的乡土气息,内容贴近生活,针对性强,就事论理,亲切入耳,深受农村听众的欢迎,成为独具特色的优秀乡土广播节目。

　　他采编的稿件,牢牢抓住农民想听的热点内容,采用农民听得懂、喜欢听的编辑方式和语言。特别是他的亲近、亲切的乡土播音,就像同农民拉家常一样。他同另两名编辑经过一个月时间采访制作的主持人节目《和听众朋友谈蚯蚓问题》,从经济价值、市场形势、科学技术等方面对蚯蚓养殖进行了介绍和分析,为农民养不养蚯蚓提供了参考,被同行称为是"平息蚯蚓热的重型炮弹"。杨登榜当采编和主持人的 4 年中,处理听众来信 7 480 多件,回信 1 800 多件,编辑、主持信箱节目 503 组,解答问题 3 000 多个,成为农民的知心朋友。

　　他注重对广播宣传的理论研究,曾发表多篇论文和经验体会。他的代表作品有《谈养鸡和自学成才等问题》《谈经济合同的事》等,与他人合作录制的获奖节目有《凤凰为什么折断了翅膀》《话说催粮催款》《说说我们的村支书》等。

我的未来不是梦

逐梦箴言

走在梦想之前，用行动去呼唤美好，用实践去证实希望。在希冀和憧憬中，最重要的，是脚踏实地。迈开步伐，让我们动起来；坚定信念，让我们干下去。我们只有一个亘古不变的信条：脚踏实地，走在梦想之前。

知识链接

新闻，又称消息，通常分为动态新闻、综合新闻、典型报道和新闻述评4类。其中动态新闻是报纸、广播最常用的一种。它报道的是国内外最新发生的重大事件或新气象、新成就。

每则新闻在结构上，一般包括标题、导语、主体、结语和背景5部分。前三者是主要部分，后二者是辅助部分。标题一般包括引题、正题、副题；导语，一般指"由头"后的第一句或第一段文字，用来提示消息的重要事实，使读者一目了然；主体，随导语之后，是消息的主干，是集中叙述事件、阐发问题和表明观点的中心部分，是全篇新闻的关键所在；结语，一般指消息的最后一句或一段话，是消息的结尾，它依内容的需要，可有可无；背景，是事物的历史状况或存在的环境、条件，是消息的从属部分，常插在主体部分，也插在"导语"或"结语"之中。

新闻六要素（也就是记叙要素）：时间、地点、人物、事件的起因、经过和结果。

■ 田坎记者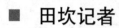

罗成友，《重庆日报》首席记者，获得中国新闻界最高荣誉奖项"范长江新闻奖"的第一人，被广大农村基层干部和农民誉为"农民记者"、"田坎记者"，是新闻界公认的研究、采写"三农"问题的专家。

十多年来，他每年在农村采访的时间都在 300 天以上，每年所采写的 300 多篇稿件，基本上全是从乡村的田坎上跑出来的。多年来，他不畏险阻、跋山涉水，采写发表了一系列影响深远的稿件，由其挖掘推出的为抢救人民生命财产在洪水中牺牲的山区农民唐应坤、在三峡移民工作中鞠躬尽瘁的全国优秀监察干部张兰权、受到国家扶贫办肯定的山区扶贫模式"武隆模式"、开县麻柳乡推行"农村工作八步工作法"执政为民的动人事迹等一大批鲜活典型，在社会产生广泛的反响。2000 年被市政府授予"重庆市先进工作者"称号；2002 年 9 月被评选为重庆市新闻界唯一的优秀专业技术人才，并被记二等功一次；2002 年 11 月，获重庆市第二届"十佳新闻工作者"称号；2004 获得范长江新闻奖。

1999 年，罗成友成为第一个走进庙堂乡的媒体记者。那里的贫困现状让他触目惊心。"不通公路、不通汽车、不通电、不通电话"，罗成友落泪了，把所带的几百元钱和一件外衣给了一个贫困户。回来后，罗成友在内参上发表了 8 000 字的《穷乡庙堂纪事》，立即引起市领导和有关部门的高度重视。几年来，庙堂乡变化很大，截止到去年，市、县扶持资金达到 300 多万元，5 个村 3 个通了公路、修了学校、通了电话，基本解决了农民的吃

水问题,还发展起了烤烟、干果等产业。"我现在 51 岁了,只要我跑得动,我希望终身做一个'农民记者'。"罗成友说。

2004 年 9 月,在全国第六届范长江新闻奖评选中,《重庆日报》首席记者罗成友以"田坎记者"的鲜明特点,荣获中国新闻界最高奖范长江新闻奖。十余年来,他很少有节假日,每年在报纸上发表的稿件达 300 多篇、近30 万字,不少作品产生了重大影响。

逐梦箴言

一枚贝壳要用一生的时间才能将无数的沙粒转化成一粒并不规则的珍珠,雨后的彩虹绽放刹那的美丽却要积聚无数的水汽。如果把这些都看成是一次又一次挫折,那么是挫折成就了光彩夺目的珍珠和美丽的彩虹。

知识链接

三峡水电站,又称三峡工程、三峡大坝。位于中国重庆市市区到湖北省宜昌市之间的长江干流上。大坝位于宜昌市上游不远处的三斗坪,并和下游的葛洲坝水电站构成梯级电站。它是世界上规模最大的水电站,也是中国有史以来建设最大型的工程项目。

采访过邓小平的女记者

2006 年 9 月 14 日夜间,意大利著名女记者兼作家奥里亚娜·法拉奇因病在家乡意大利佛罗伦萨市区的一家私人诊所去世,终年 77 岁。她曾经采访过邓小平、基辛格、英迪拉·甘地等各国政要。作为 20 世纪最为著名的新闻工作者、战地记者和小说家之一,她传奇的采访经历和个人生活,更让她自己也成为了传奇。

一位传奇人物走了,这个世界上值得我们期待的人又少了一个。

多年前,在北京一家书店里有人买到一本 1983 年新华出版社出的《风云人物采访记》,中国人第一次知道人物采访可以这样写,看似高深的国际政治可以写得如此有可读性,尤其她与政要们的"过招"让人看得津津有味。

法拉奇的文笔和写作方法一直是很多记者竞相模仿的对象,甚至几年前,还曾在中央某大报上看到一位记者模仿法拉奇的文字,说是模仿,其实开篇第一句与法拉奇采访亚西尔·阿拉法特的开篇一模一样——"当他准时到来时,我犹豫了片刻。我对自己说,不是他,不可能是他……"

就是这样,法拉奇的文字总是第一句就很吸引人,即使你原本对她所采访的人物并不感兴趣,但她总是有办法抓住你,然后再不放开。

法拉奇善于抓住关键时机采访风云人物。她以提问尖锐、言辞泼辣著称。因此她的人物访问记别具一格。法拉奇习惯用录音设备录下访问的问答,然后一字不漏地以原对话形式加以发表,但加上占一定篇幅的前言。这并没妨碍她表达自己的见解,相反,尽管她没有修改被访者的谈话,但她

却通过提问，尤其是通过每一篇的前言表达了观点。

法拉奇一生成功地采访了基辛格、英迪拉·甘地、布托、侯赛因、阿拉法特、穆吉布·拉赫曼、西哈努克亲王等人，她从来也没有怯场，也从没被对手击退过。外交天才基辛格在被她逼得"原形毕露"后，抱怨接受她的采访是"生平最愚蠢的一件事"。

1980年，邓小平接受了她的采访，他们的交锋的确令整个世界为之一震。"据说，毛主席经常抱怨你不太听他的话，不喜欢你，这是否是真的呀？""如何避免类似'文化大革命'那样的错误？""毛主席纪念堂不久是否将要拆掉？""你是否认为资本主义并不都是坏的？"邓小平对她的提问一一回答。

这次的采访后来在《华盛顿邮报》全文发表，法拉奇也非常得意，她说：对邓小平的采访是她"一次独一无二、不会再有的经历，在我的'历史采访者'中，我很少发现如此智慧、如此坦率和如此文雅的，邓小平是一位出类拔萃的人物，中国的领导人中有位邓小平是非常幸福的。"

她一生写了9本书，在结束了30多年的记者生涯后，她在曼哈顿的高层公寓里当起了自由撰稿人。

法拉奇是世界新闻界的"女强人"和文坛上特立独行的作家，同时也是一位备受争议的人物。一些人认为她是一个"直面历史的伟大记者"和"以行为去实践心中理想"的作家。批评者指斥她"蛮横无理和傲慢"，称其文风"夸张"、"浮华"，有强烈的"自我表现主义"。

在过去近20年里，法拉奇一直保持沉默。有人认为这是因为她在查出患了癌症后开始消沉了，也有人认为这是因为她的思想发生巨大变化的缘故。

但"9·11"事件发生后，住在纽约曼哈顿并亲眼目睹世贸大厦倒塌的法拉奇竟在极端愤怒和充满激情状态下，一口气写出了8万字的题为《愤怒和自豪》的长文。美国媒体评论说，法拉奇"复出"后首次发表的这篇文章，"成为欧洲新闻历史上最具震撼性的事件之一"。

法拉奇晚年长期寓居美国，直至前不久才回到家乡，并于9月14日在佛罗伦萨去世,结束了她 77 年的传奇人生。

　　1929 年 6 月 29 日出生于佛罗伦萨,很早就开始新闻记者生涯,先后作为战地记者被意大利周刊《欧洲人》派驻越南、印巴冲突地区、南美和中东地区等。她还与世界上一些有影响的报纸杂志合作,曾担任过美国《华盛顿邮报》《纽约时报》和意大利全国发行量最大的日报《晚邮报》的特约记者。她的许多作品被译成多种文字在世界约 30 个国家和地区出版发行,成为畅销书。

逐梦箴言

　　生活中并不是全是艰辛和困难,它同时存在舒适与欢乐;就像我们经历的季节,严冬过后是春天,风雪过后艳阳天。

知识链接

　　中国读者在 20 世纪 80 年代知道了法拉奇这个名字。她是在中国改革开放后最早采访中国领导人邓小平的外国记者之一。法拉奇先后作为战地记者被意大利周刊《欧洲人》派驻越南、印巴冲突地区、南美和中东地区等。她还与世界上一些有影响的报纸、杂志合作,曾担任过美国《华盛顿邮报》《纽约时报》和意大利全国发行量最大的日报《晚邮报》的特约记者,并采访过邓小平、基辛格、阿拉法特、甘地等一批国际风云人物。她的许多作品被译成多种文字在世界约 30 个国家和地区出版发行,成为畅销书。

我的未来不是梦

■ 《大公报》的态度

徐铸成，在中国新闻史上，能够坚持做记者的总编辑寥若晨星。他的论点，成为张季鸾为《大公报》所撰社论的重要判断，代表了《大公报》的态度。

徐铸成后来还写了不少游记，如香港沦陷后，时任《大公报》香港版总编辑的他逃经已沦陷 3 年的广州，写成《广州探险记》。在徐铸成眼里，广州已是一座"没有空气，没有青年"的城市，"老、中年人中，少数是早失了灵魂，多数是把灵魂深深地埋藏着，非空气不能生活的青年们，都背着灵魂跑了"。后来，他曾冒险穿越"江南沦陷区"，写成 10 篇沦陷区进出记，分头记录了那些"死了的洋场"、"苦难中的上海外侨"、"南京群丑"等。如果说，这段时期，作为记者的徐铸成是自发地记录时代并作出个人判断，而张季鸾、胡政之等大公报人的支持，使得这种判断成为可能的话，那么当徐铸成成为一个报纸的总编辑后，他则开始从制度上来维护记者的真实记录和判断。

1938 年，由英国商人出资的《文汇报》在上海创刊，其发刊词奠定了该报的立场："本报本着议论自由的最高原则，绝不受任何方面有形或无形的控制。"徐铸成先为其撰写社论，后来成为总编辑。

1946 年，《文汇报》复刊，徐铸成首先与经理约法三章，特别强调："自我参加之日起，《文汇报》不应接受任何带政治性的投资，报馆或记者不得接受任何津贴。在此指导原则下，《文汇报》对上海推行警管区制这种危害人权的做法连续刊登读者来信表示坚决反对。对马叙伦等代表赴京请愿遭特务殴打的"下关惨案"亦做了如实报道。

徐铸成为坚持这种立场所做的努力令今人唏嘘。文汇报馆被投过两次炸弹，职员一死数伤，徐铸成本人也曾收过一只血淋淋的手臂作为警告。更为严重的是来自政治上的压力。为了对《文汇报》施加影响，陈布雷、陈立夫等国民党高级人物曾多次亲自出马，乘《文汇报》经济困难之机提出由"政府投资十亿、扩充设备、提高职工待遇"，均遭徐铸成严词拒绝。徐铸成的这番努力，目的只有一个，即张季鸾所说："遇有大事虽六亲不认，决不袒护，决没有不敢说的话。"为之，1947年，徐铸成付出了文汇报报馆被当局查封的代价。

逐梦箴言

智者不只发现机会，更要创造机会。

知识链接

香港《大公报》的创建是在新记大公报时期。"七七"事变后，天津、上海相继陷落。《大公报》力主抗战，表示"一不投降，二不受辱"，天津版、上海版分别于 1937 年 8 月 5 日、12 月 14 日停刊。1938 年，由胡政之率金诚夫、徐铸成等创办《大公报》香港版，1941 年 12 月 13 日，因为抗战原因被迫停刊。抗战期间，《大公报》辗转迁徙，财产损失严重，但由于经营管理得法，报馆依旧获得长足发展，渝版、港版、桂版一度同时发行，在规模和舆论影响力上，国内报纸难以望其项背。

我的未来不是梦

■ 一针见血

　　邵飘萍出身贫寒，年少时即表现出倔强和正直的禀性，1908 年在浙江省立高等学堂因痛斥张之洞《劝学篇》而险遭开除。毕业后从教，仍密切关注政局发展，并联络反清人士。辛亥革命爆发，他欣喜若狂，立即辞教赴杭州寻机办报。1911 年 11 月首发的《汉民日报》聘邵飘萍为主笔，时年 25 岁，正式进入报业。邵飘萍早期政论一针见血，用词极尖锐。

　　袁世凯尚未接任总统职务时，他已撰文疾呼："呜呼！当断不断，反受其乱。袁贼不死，大乱不止。同胞同胞，岂无一杀贼男儿耶？"袁窃国后，邵飘萍仍云"袁总统令云：苟且贿赂一体禁绝。振青曰：请自大总统始"。飘萍之快评字字见血，浙江权贵深恨之，于 1913 年 8 月查封《汉民日报》，逮捕邵飘萍，后获释。

　　为避迫害，邵飘萍急走扶桑。1915 年底，袁称帝，上海新闻界电邀邵飘萍倒袁。邵弃学业而归，以"飘萍"、"阿平"为名在沪上三大报执笔，痛骂袁之祸国。倒袁后不久，邵飘萍受聘任《申报》驻京特派记者。当时北京新闻界社会声誉极差，记者虚构成风，报纸难辨真伪。邵飘萍以一个职业记者出现，深入实际采访，追寻事件全貌。

　　其文思敏捷，文稿倚马可待，许多通讯和专电都是在茶楼酒馆等应酬场所立就，文字纵横自得，鲜明生动。更难得的是邵飘萍察物精审，处世灵活，广交游，耳目众多。视当时新闻界之采访能力，无人能出其右。

1917 年,围绕是否对德宣战,中国政府举棋不定,中外记者欲获知段祺瑞政府的态度而不可得。邵飘萍设法坐上挂总统车牌的汽车直达总理府门前,传达长拒绝通报,邵飘萍取出千元为小费,终于得见段祺瑞。但段避而不谈宣战一事,邵先迂回打听,继而以身家性命为担保,3 日内不在京城透露消息。段被缠无奈,在其立下字据后,透露了对德宣战的细节。邵得此天大独家新闻,立即以密码发电报至《申报》,沪上立发"号外"几十万份,邵名声大振。而沪报运抵京城需要 4 天,邵并未失信,段也无可奈何。

邵飘萍采访手段神出鬼没。徐世昌任总统的就职宣言共 2 000 言,而在其就职的前一天,邵飘萍就将其全文电达《申报》,同行震惊,徐世昌本人也大为诧异。邵所写的"府院之争"、"大借款"、"揭发段内阁"、"张作霖截枪案"等重大新闻均比其他报早或者更为详尽。任《申报》驻京记者两年里,邵飘萍的近 200 篇《北京特别通讯》风靡全国,"邵飘萍"三字在新闻界中炙手可热。邵主张报纸应为改革社会政治之利器,"必使政府听命于正当的民意之前",因此须独立而不依靠政治力量。

1918 年 10 月,邵飘萍自资创办《京报》。邵在其编辑部手书"铁肩辣手"四大字,以铭己志。

此时邵飘萍的采访愈加老辣。段政府内阁讨论"金佛朗案",严禁记者列席。邵飘萍得知后,便雇一小车候于会场外,看到法国公使汽车进门,立即尾随而入,得到内阁会议的全部材料。独家新闻翌日发表后,段内阁大为吃惊。京城大官本恶见记者,唯独飘萍不得不见,且见后不得不谈,因飘萍的采访手段高明,防不胜防。

1918 年底,邵飘萍兼任北京大学新闻学研究会导师。学员中有时任北大图书馆助理员的毛泽东。邵飘萍不仅为毛泽东讲授新闻知识,还给予其经济资助。

1919 年因在"五四"期间数次刊发激烈言论抨击段政府,《京报》遭到封禁,邵化装后出逃日本。

1920 年《京报》刚刚复活,他就连续刊登与人合著的《俄国大革命史》,并将列宁介绍给《京报》读者。1925 年秘密加入中国共产党。

我的未来不是梦

1926年4月直奉大战中，奉军张宗昌占领北京。张作霖曾被邵飘萍多次揭露，故恨之入骨。邵飘萍被张宗昌设计诱捕，《京报》亦同时被封。26日凌晨，邵飘萍在天桥被枪决，时年40岁。

逐梦箴言

对"战士旅行者"而言，选择其实不是去选择，而是优雅地接受"无限"的邀请。

知识链接

五四运动是1919年5月4日在北京爆发的中国人民彻底的反对帝国主义、封建主义的爱国运动。五四运动是中国旧民主主义革命的结束和新民主主义革命的开端。五四运动是中国革命史上划时代的事件，是中国旧民主主义革命到新民主主义革命的转折点。五四运动促进了马克思主义在中国的传播及其与工人运动相结合，从而在思想上和干部上为中国共产党的建立准备了条件。

来自于信任的偶像

沃尔特·克朗凯特(Walter Cronkite,1916 年 11 月 4 日 — 2009 年 7 月 17 日),在密苏里出生,在得克萨斯长大,在合众通讯社(即后来的合众国际社)接受了职业记者训练。到 CBS 从业之前,他先在一些小报社和广播电台谋职。但合众社是他的精神家园,并且在他以后的生涯中留下了巨大影响。在合众社,他学会了准确报道、精练写作,并且快速发稿。

克朗凯特 1950 年加入哥伦比亚广播公司,并从 1962 年起,以一种沉稳的声音主持新闻节目,开始报道并评论美国大大小小的重要事件。他在 1981 年退休后还活跃于新闻界,并且撰写书籍和到各地演讲。

在职期间,克朗凯特报道过世界各地发生的重大事件,如前总统肯尼迪被刺杀、国内动荡、越战、冷战等事件。

1962 年至 1981 年间,克朗凯特主持的黄金时段节目《晚间新闻》始终在美国电视新闻收视率中首屈一指。克朗凯特曾报道过肯尼迪刺杀案、阿波罗登月计划与越战等,这成就了他"全美最受信任的人"。

2006 年 7 月 26 日,美国公共广播公司(PBS)名牌栏目"美国大师"播出了新的一期节目,再一次把公众的目光投向享誉全美的知名主持人、记者沃尔特·克朗凯特。在美国新闻史上,克朗凯特是一个忠实履行新闻职业精神的传奇人物。重温其风云变幻的一生,可以帮助我们了解历史,领略这位传媒大师的人格魅力和独特风范。

他向美国人报道了总统肯尼迪遇刺的消息,他告诉人们美国将宇航员

送上了月球,他警告说美国无法赢得在越南的战争。在他担任美国哥伦比亚广播公司(CBS)"晚间新闻"栏目主持人的20年间,沃尔特·克朗凯特每天都出现在美国家庭中。在爱德华·默罗的基础之上,克朗凯特把CBS带上了荣誉的顶峰,同时使其成为最受欢迎的电视新闻网。当他离开CBS后,这两点都开始消减。

克朗凯特的生活和他的工作遵循着一条简单的直线。12岁时,他读到一个关于驻外记者的故事,于是认定那就是他想过的生活。这是一个普通的抱负,也是他唯一的职业目标,而他最终坐上了美国电视史上最重要的新闻主持人的头把交椅。这一成就和他每天的工作使其精神愉快,而他有着并不为之傲慢自大的天赋。事实上,他的谦逊和执著是他备受观众喜欢和信任的原因。

根据1972年的一个民意调查,称克朗凯特是"全美最受信任的人"还远远不够。事实上,在许多问卷调查中,他都超过了美国总统和副总统、美国参议院和众议院议员、民主党总统候选人和所有的其他记者。这一荣誉在20世纪60年代和70年代风云变幻的时代来临。在那些愤怒和分歧的岁月里,美国人坚信,沃尔特·克朗凯特绝不会欺骗他们。

1941年12月,珍珠港事件爆发后,克朗凯特报名成为战地记者,穿上了军装,登上美国得克萨斯号战舰前往欧洲。他从英格兰发回抗击德国的空战报道,从一艘轰炸摩洛哥海岸的军舰上发回盟军攻入北非的消息。此后克朗凯特回到纽约,派拉蒙让他拍摄关于北非战役的新闻影片。即使在那时,他也保持着干练的报道风格:虔诚,直接,不花哨。

爱德华·默罗一直关注着这个年轻的通讯社记者:他能够去任何地方从事任何报道,即使需要搭乘一架轰炸机或者滑翔机进入战地。但克朗凯特拒绝了CBS这位传奇新闻人的邀请和辉煌的广播业的诱惑,继续他在合众社的工作。直到几年后战争结束,克朗凯特报道了纽伦堡审判并从莫斯科报道了冷战的开始之后,默罗再次邀请他加盟,这次是在电视业,克朗凯特接受了。

历史学家大卫·霍伯斯坦认为:"一切顺理成章。恰当的人选,恰当的地点,恰当的时间,恰当的媒体。"那时,电视还不为人知,但正在成长。它

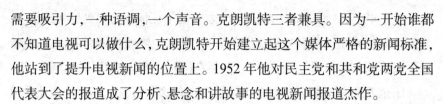

需要吸引力，一种语调，一个声音。克朗凯特三者兼具。因为一开始谁都不知道电视可以做什么，克朗凯特开始建立起这个媒体严格的新闻标准，他站到了提升电视新闻的位置上。1952年他对民主党和共和党两党全国代表大会的报道成了分析、悬念和讲故事的电视新闻报道杰作。

克朗凯特具有从事电视报道的天赋。他不需要任何文本和提示，就可以进行直播，并报道正在发生的新闻事件，他还能在不同事件的间隙增添一些信息，以填补空白时间，他能与两党大会现场的巡回记者配合得天衣无缝。到1956年两党全国代表大会时，克朗凯特已经和他报道的那些人物一样有名。

克朗凯特的早期名声从电视业初期的大众化节目"你就在那儿"得到了极大的张扬。每周都有CBS的一个报道组——由克朗凯特领头——报道一个重大的历史事件：恺撒之死，购买路易斯安那、伽利略审判等等。记者们会"采访"正在诊治病人的弗洛伊德，或者走向刑柱的圣女贞德。每一次"采访"都有相同的结尾，一个来自克朗凯特、大家很快就习以为常的尾声："这是怎样的一天啊？这一天和所有的日子一样，充斥着改变和照亮我们时代的那些事件，而你就在那儿。"

1961年，克朗凯特得到了CBS"晚间新闻"栏目主持人的工作。当时，它的播出时长——同其他电视新闻网的新闻播出时间一样——只有15分钟。但克朗凯特希望电视网能对公民负责，严肃对待新闻，应当给予新闻更多的时间和资金，不论这种承诺是否盈利。他同时也想得到编辑主任的头衔，这样员工和观众就会知道这个栏目的新闻判断是他做出来的。

到1963年，克朗凯特得到了这个头衔，节目播出时间也延长了。1963年9月，他用一个关于约翰·肯尼迪总统的专题报道开始了这个崭新的、时间更长的"晚间新闻"报道。两个月后，克朗凯特打断正在播出的肥皂剧《世界在转变》，报道了总统在得克萨斯州的达拉斯遇刺的消息。之后，他戴着眼镜，穿着衬衣，坐在新闻台后不断更新这一报道。在一段这一历史性报道的录像带中，我们能看到一只手不时伸过来，把一篇通讯社的报道、一张照片或者一个记者的报道递到克朗凯特手中。

我的未来不是梦

　　整个早上，他镇定地补充着这个报道，压下任何没有得到证实的信息，直到他得到确切的消息——美国总统身亡。在他继续报道之前，克朗凯特摘下眼镜，看着钟，重复念着时间，似乎在压制心中突然掀起的情感巨浪。

　　暗杀发生在星期五。整个美国都在观看这一报道。不管是在加利福尼亚、内布拉斯加，还是在密西西比，整个国家都看着同样的一幕——整整3天：周六、周日和周一……三大新闻网没有报道其他任何消息，只有总统身故、总统遗体返回华盛顿、送葬队列向国会山行进，以及肯尼迪总统向在阿灵顿国家公墓为他举行的葬礼的最后之旅的报道。整整3天没有任何商业广告。按照今天的标准来看，那次报道简单平静。除了失去总统给整个国家带来的创伤之外，报道没有增加额外的情感，也没有这个必要。

　　这是美国无法忘记的一幕——关于尊严的一幕。自此以后，美国人授予克朗凯特一种荣誉——接受他播报的任何新闻，无论好坏。当他报道美国根深蒂固的种族歧视历史需要改变时，这位信使没有受到指责；当他前往越南报道说他看到的是谎言、腐败和战争陷入僵局以及呼吁是美国人撤离的时候了时，他没有受到惩罚。

　　林登·约翰逊总统沮丧而悲伤地听着克朗凯特的判断。他曾对助手说过一句名言："如果我失去了克朗凯特，我就会失去美国。"毕竟，这不是像默雷·舍费尔或杰克·劳伦斯那样的年轻鲁莽的记者，刺痛的仅仅是总统的权力。这是克朗凯特，一个二战的资深记者，一个无可否认的爱国者。当他陈述一个明显的事实——越共不会放弃，而美国人没有想在越南再待上一代人时间的意图后，这一常识性的事实震动了整个社会。

　　整整一年多的时间，约翰逊因为那场他既无法赢取又不能终结的战争逐渐失去了公众支持。当他声明不会参加总统竞选谋求连任时，几乎每个人都认为这是克朗凯特的影响和威力所致。不论是在老年人还是年轻人之间，不论是在保守派还是自由派之间，他的正直和清晰的判断使他拥有了巨大的威信。他超越了所有的隔阂。正如美国公共广播公司资深记者罗伯特·麦克内尔所言："克朗凯特成了他那个时代的某种典型，他那个时代的某种媒体形象。除了政治和军事领袖，历史上很少有人能成为时代的化身,而克朗凯特似乎做到了这点。"

克朗凯特可以在 1968 年民主党全国代表大会上满腔愤怒地报道芝加哥警察殴打反战示威者的消息,也可以兴高采烈地报道人类登月的消息。他不仅会滔滔不绝雄辩"媒体的自由",而且还强调"人民有知道他们的政府在以他们的名义做些什么的重要权利"。为了证明他的意思,克朗凯特选取《华盛顿邮报》关于"水门事件"一案的报道,制作了分两个部分播放的新闻,在 1972 年秋的"晚间新闻"栏目中播出,此时距离大选只有一个月。

恼羞成怒的白宫威胁要取消 CBS 的执照以作惩罚,但 CBS 坚持了他的报道,并且目睹了尼克松在随后两年的自毁行为。克朗凯特怀着平静而赞赏的心情报道了众议院司法委员会启动总统弹劾程序的消息,他还报道了尼克松悲痛地宣布辞职的消息。他的报道里没有幸灾乐祸的情绪,也没有冷冰冰的感情。他非常职业地从事他的工作,他从未怀疑过只有这样才能为公众服务。

据说,从来没有克朗凯特无法采访到的人。1977 年,他设法使新当选的埃及总统萨达特同意接受一次专访。克朗凯特在自传中描述了那个在尼罗河岸边度过的炎热下午:"那天下午很热,但采访进行得不温不火。萨达特单调地陈述着他的愿望和为埃及未来设计的各项计划,而我则挣扎着使自己保持清醒。突然,他让我为之一震。我确信听到他说他准备前往耶路撒冷。是的,他向我确认,他要去耶路撒冷。"萨达特是第一个做出追求和平姿态的中东领导人。克朗凯特随即架设起开罗和耶路撒冷之间的电话通讯,并与萨达特同机飞往以色列参加他与以色列总理贝京的历史性会晤。

1981 年克朗凯特辞职时,观众们难以置信,或者说不愿相信这是真的。《新共和国》杂志的一个评论员写道,这就"像把乔治·华盛顿的头像从一美元的钞票上撤下来"。

在他的最后一次播报中,克朗凯特向他的观众保证,他们将逐渐越来越少见到他,但他绝不会销声匿迹。

但是,克朗凯特在电视上露面的时间越来越少。

我的未来不是梦

尽管他离开了荧屏，但他却没有沉寂下来。他关心禁毒行动，批评现在针对毒品的战争只是成功地把年轻人投进了监狱。他重视全球变暖的危机，呼吁全世界都应该支持京都协定，不管代价多高。他批评战争，他说战争中不仅仅杀死一个人是不道德的，"甚至就连国防开支都是不道德的。花那么多钱……去建造更多精良的杀人系统就不是文明的考虑"。他认为"9·11"恐怖袭击之后，针对伊斯兰原教旨主义者的复仇欲望一方面可以理解，但另一方面也很危险。不经意间，美国已经在中东的冲突中陷入泥沼数十年。

他总是为公民了解世界上到底发生了什么的权利和责任呼号。他为读者，同时也为记者坚守着一种单纯的道德准则。记者关心的不是权力的自高自大。克朗凯特的职业生涯证明了一点：一个优秀的记者只有一件事要做——讲述真相。

克朗凯特在电视这个媒介还很稚嫩易变的时候为电视新闻设定了标准。他忠诚地执行着这些标准，而他大量的观众又忠诚于他。导演西德尼·鲁梅特说："对我而言，他是在一个最容易堕落的行业里最不同流合污的人。"这就是克朗凯特期望的一切，而他做到了。

被誉为"美国最受信任的人"的哥伦比亚广播公司（CBS）前任新闻播音员沃尔特·克朗凯特与世长辞，享年 92 岁。CBS 副总裁梅森证实，克朗凯特在当地时间星期五（7 月 17 日）19 时 42 分（格林尼治标准时间 23 时 42 分）在纽约家中病逝。他的家人陪伴在侧。美国总统奥巴马发表声明说，美国失去了一个象征符号和一位好朋友。奥巴马在声明中说，克朗凯特的声音能在不稳定的世界中安稳人心，他让美国人民信任他，而且从不让人失望。

奥巴马赞扬克朗凯特"像家人一样，让我们相信他，而且他从未让我们失望"。

在已故 CBS 总裁弗雷德·弗伦德眼中，克朗凯特简直与他所播报的新闻合为一体。"碰到坏消息，沃尔特会受伤；碰到让美国尴尬的消息，沃尔特会感到尴尬；如果消息非常有趣，沃尔特微笑。"

　　克朗凯特以自己在新闻实践中的巨大影响,促使电视新闻播报者的名称从"播音员"转变为"主持人"。

　　克朗凯特开创了新闻报道的新形式,由传声筒式的播音员变成调配力量的主持者,"主持人"这一角色由他开创。经他的双手,无数"专题"产生,专题这一新闻形式成为今天的媒体常态。他主持的《晚间新闻》,多年成为美国人惯常观看的节目,千千万万美国人每晚随克朗凯特振奋、思考。在克朗凯特率领下,哥伦比亚公司居全美电视新闻收视率榜首长达21年。

　　追求真相,说出真相。"美国新闻良心"克朗凯特影响着中国新闻人的新闻观。杨澜说,克朗凯特告诉她,"没有对真相的追求,再多的信息也只能是没有光亮的隧道"。

　　柴静说,克朗凯特留下的财富很多,他的专业主义新闻意识、职业化的新闻训练和经验仍将是未来中国新闻人研究和取经的对象。

逐梦箴言

　　人类心灵深处,有许多沉睡的力量;唤醒这些人们从未梦想过的力量,巧妙运用,便能彻底改变一生。

知识链接

　　美国总统肯尼迪遇刺案发生于1963年11月22日星期五下午12:30,美国第三十五任总统约翰·菲茨杰拉德·肯尼迪在夫人杰基·肯尼迪和得克萨斯州州长约翰·康纳利陪同下,乘坐敞篷轿车驶过得克萨斯州达拉斯的迪利广场(Dealey Plaza)时,遭到枪击身亡。约翰·肯尼迪是美国历史上第四位遇刺身亡的总统,也是第八位在任期内去世的总统。

我的未来不是梦

智慧心语

议者贵其辞约而指明。

——桓 宽

夫岂外饰，盖自然耳。

——刘 勰

气质则理胜其辞，清绮则文过其意；理胜者便于时用，文华者宜于咏歌。

——李延寿

白香山诗似平易，间观所存遗稿，涂改甚多，竟有终篇不存一字者。

——周敦颐

简单朴实的文笔，你至多觉得枯燥，不会嫌俗的，但是填砌着美丽词藻的嵌宝文章便有俗的可能。

——钱钟书

第六章

甘于吃苦的精神

樊云芳

我的未来不是梦

◦导读◦

　　走向最远的方向——哪怕前路迷茫；抱着最大的希望——哪怕山穷水尽；坚持最强的意志——哪怕刀山火海；做好最坏的打算——哪怕从头再来。

■ 精益求精

　　于芳一天的开始，比常人提早了 3 个小时。首播于早晨 6 点半的《新闻和报纸摘要》节目，严格规定播音员 5 点必须赶到电台备稿。于芳家住北京城东，离位于复兴门的中央台约有 15 公里，骑单车得走一个来小时，这就意味着，于芳每天凌晨 3 点多就要上路。任何时节，北京的凌晨 3 点都是漆黑一片，于芳在夜色中奔走了数十个酷暑寒冬，一万多个日日夜夜。无论遭遇多么恶劣的天气，无论路途发生什么意外，从未影响过一次正常播出。大清早上班十分困顿，但只要一听到开始曲响，马上来了精神，声音立刻响亮起来。

　　于芳总是把工作放在第一位上，对事业精益求精，体现在很多小事上。在中央台采访时，听到这样一个小故事，几个月前，几位年轻编播人员在直播间看见一张这样的字条："山西洪洞县的'洞'，应读'桐'音，见《辞海》某某页。下次播出时请注意！"字条落款"于芳"。中央台代表了国家形象，中央台的字音应该是标准的。于芳的话语时刻萦绕在同事的耳旁。30 多年的播音生涯，于芳成为熟练驾驭各类题材的高手，练就了一流的应急能力，多次出色完成重大突发事件，以及国庆 50 周年阅兵式和群众游行、澳门回归大典等重大历史事件节目的直播。但是，直到今天，悉心备稿仍是于芳每次播音前的必须步骤。

　　2004 年，于芳播出长篇报道《好工人许振超》，她在熟悉了所有文字内容后，还特别索要记者采录的许振超的录音资料，并一遍遍细听，通过许振

超的声音来感知、揣摩、把握主人公的情感和个性。在于芳的用心塑造下，一个极富个性、生动鲜活的当代知识型工人形象展现在广大听众前。于芳因此荣获当年"中国广播影视大奖"。于芳非常热爱这项工作。虽然每天坐在话筒前，但新闻每天都不一样，内涵都不同；新闻从过去的高、平、空回到对现实的关注，让人真切地感到国家令人振奋的发展和变化。所播出的一个个优秀人物的感人事迹，不断地净化自己的灵魂。这让她一直保持着对生活的热情，以及对播音工作的激情。于芳以她对事业的爱与执著，做到了国家形象、国家台水准、个人风格的完美结合。

逐梦箴言

不停地专心工作，就会成功。

知识链接

"中国播音主持金话筒奖"是由中国广播电视学会节目主持人委员会于 1993 年创立的，为表彰优秀广播电视节目主持人而专设。金话筒奖是广播电视节目主持人的最高荣誉。1997 年，该奖被纳入广播电视界最高级专家奖——"中国广播电视学会奖"。

"我只是希望，用实际行动来纪念这段历史，延续这段历史"

范春歌大学毕业后一直从事新闻工作，至今已有 21 年。她十分喜欢远行采访，曾经骑单车穿越荒凉贫瘠的中国西部，也曾搭乘敞蓬卡车到海拔 4 000 米的西藏雪山。不过，给她留下深刻印象的还是 1998 年随中国考察团赴南极采访的经历。范春歌说：

"那次经历是非常令人难忘的，而且对我今天重走郑和路也非常有帮助。因为当时我们的船经历过这个德雷克海峡。当时我坐船经过这个海峡时，海浪都飞上 20 多米打下来，非常恐怖。南极的那次经历，使我感受到郑和船队在海洋上所遭遇的困难，使我有了想象力和切身的体验，增添了我对郑和和他的船员的敬佩、敬重之情。"

范春歌是武汉市《武汉晚报》的记者。武汉市位于中国的中部，是长江中游的航运中心。范春歌很早就想做关于航海方面的报道。一个偶然机会，她看到《美国国家地理》杂志上关于世界航海家的报道，受到启发，她决定策划一个关于郑和航海事件的专题报道。范春歌说：

"因为郑和下西洋是中国历史上一次规模浩大的远洋活动。这个航海事件它的规模比西方航海家每次的远航规模都要大，而且时间还更早。郑和下西洋这个航海活动在中国历史上留下的印记不多，后人对这个航海事件的认识也没有达到一个高度。所以报社说我们把郑和下西洋这个历史事件作为我们追访的主题，希望让国人重新认识中国历史上的很辉煌的海

洋文明。"

从 2000 年起，范春歌独自一人开始了她艰辛的采访。她循着郑和当年的足迹横渡印度洋，跨越亚非大陆，花了整整两年时间采访了 18 个国家。每到一处，范春歌都四处打听与郑和有关的事物。在柬埔寨，她发现郑和随航船员记载的所见所闻与吴哥寺十分相符；在印尼她看见了传说中郑和当年留下的铁锚；在斯里兰卡她找到了郑和当年留下的碑石。她边走边写边拍，沿途发回了 20 万字的新闻稿件和上万张图片。

在辗转各国采访中，因生活环境不断变换，范春歌几次病倒在旅馆里。2001 年美国的"9·11 事件"引起各国局势紧张，给范春歌的采访带来许多困难。可是她始终没有中断工作。范春歌说：

"我只是希望，我们对一个人、对一段历史的纪念，他们的意义不只是因为一个节日的到来、一个活动的展开。我希望这种纪念是永远的。而且我们每一个中国人都应该在自己本身工作的岗位上，用实际行动来纪念这段历史，延续这段历史。"

远行采访很辛苦也很危险，但是范春歌却乐此不疲。范春歌认为，她不仅能够胜任远行采访的重任，而且能比男记者做得更出色。她说，女记者比男记者有更多的优势：

"因为女记者比较敏感，更有同情心。她比较柔韧，能够承受更多。再一个女性比较细腻，她观察也比较细腻，要是男人出去的话，别人觉得你有竞争力、攻击力，但是女人给人感觉是需要受保护的，我觉得这点比男记者有优势。"

范春歌用自己的努力赢得了荣誉。她的作品在国内屡获新闻大奖，她本人还获得中国新闻界最高荣誉奖"范长江新闻奖"。但是，范春歌并不在乎奖项，她的一切努力都是为了提高个人能力。范春歌说，今后会继续从事远行采访，希望自己能做出更精彩的报道。

逐梦箴言

　　眼睛盯着工作,心里想着事业,真诚为人,踏实做事,心怀感激,就会永远快乐,动力无穷。

知识链接

　　"美国9·11事件"指的是2001年9月11日恐怖分子劫持的飞机撞击美国纽约世贸中心和华盛顿五角大楼的历史事件。2001年9月11日,4架民航客机在美国的上空飞翔,然而这4架飞机却被劫机犯无声无息地劫持。当美国人刚刚准备开始一天的工作之时,纽约世贸中心连续发生撞机事件,世贸中心的摩天大楼轰然倒塌,化为一片废墟,造成了3000多人丧生。

■ 锐气逼人、成绩斐然的"女强人"

樊云芳是光明日报社的一名女记者。生命对她来说有两次——以47岁时那场使她命悬生死之间的癌症为界：之前，她是在新闻界叱咤风云的著名记者，一个锐气逼人、成绩斐然的"女强人"；之后，获得新生重返记者岗位的她，褪去光环，尽职尽责地做着快乐的"普通记者"。有人说，樊云芳已将曾经的辉煌内化成淡泊的品质，她说："我从死神手里夺得的第二次生命，多么来之不易！每一天都要当节日过，尽量用它再做一些自己喜欢的、力所能及的、有价值的事——这才是生命的真谛。"

《县委书记的榜样——焦裕禄》萌发了她的记者梦；《实践是检验真理的唯一标准》使她懂得了记者职业的神圣。

事业成功的樊云芳成为中国新闻界的一颗星。

樊云芳1945年出生于上海，1962年考入复旦大学哲学系。

"还在大学时代，我就做着记者梦。这个梦萌生于一篇振聋发聩的报道——《县委书记的榜样——焦裕禄》。"那时她想："要是我今后能当一名记者，并写出一篇这样震撼人心的报道来，这一生也就不算虚度了。"

大学毕业后，樊云芳来到山西雁北工作。业余时间写写稿子，成了她的最大乐趣。为了采访，颠簸的乡间土路上，身怀六甲的樊云芳坐着装满化肥的高高的马车下乡；艰苦危险的矿井里，樊云芳沿着镶嵌在井壁上的钢筋，爬到100多米深的井下……渐渐地，报纸上可以见到她写的"豆腐块儿"了。

她的新闻生涯，就在西北的黄土地上发轫。

1978年，山西省委宣传部推荐樊云芳到《光明日报》山西记者站工作。那一年，《实践是检验真理的唯一标准》在《光明日报》横空出世。这篇文章在推动解放思想、开展真理标准讨论上开了先河，为改革开放创造了良好的舆论氛围。樊云芳为能成为一名党的新闻工作者感到无上荣光。她在笔记中写道："我发誓，永远不玷污光明日报记者这个神圣的称号。"梦想成真的樊云芳一年后便崭露头角。她的成名，是从长篇通讯《追求》开始的。

1980年11月，樊云芳发现了栾茀这一知识分子典型。她要为这个受极"左"路线迫害的知识分子呐喊，为改革开放的第一缕春风而歌唱。此时栾茀已病重住院，樊云芳在病房里和他作了20多次访谈，写出了第一稿。报社慧眼识珠，马上发现这个典型的时代意义，但要求樊云芳改写。第二稿、第三稿，她把全部激情凝注于自己手中的笔。其间，栾去世，樊云芳身心俱疲，一度想要放弃……樊云芳忘不了，报社一次又一次地给她鼓劲，记者部全体人员对稿件进行会诊，提出了关键性意见：人物形象"高大全"，缺乏人情味；要是能将其还原为活生生的普通人，这篇稿子就成功了。樊云芳茅塞顿开。终于，历时3个月，4易其稿，1.4万字的长篇通讯《追求》完成，刊出后轰动全国。

《追求》被《人民日报》《解放军报》、中央电台、《新华文摘》迅速转载和转播，还被改编成电视剧、广播剧、话剧、连环画，收入大学新闻系的教材。

此后，樊云芳写出一篇篇新闻力作，引起一次次强烈反响。

整个80年代是樊云芳新闻事业的丰收时期。她不知疲倦地奔波在采访途中，倾听时代，感受心灵，记录中国前进的一个个脚步。业绩给樊云芳带来荣誉：全国三八红旗手、全国优秀新闻工作者、享受国务院特殊津贴专家、首届范长江新闻奖得主……樊云芳的名字在中国新闻界叫响了。死神黑色的翅膀忽闪掠过，"死而复生"的樊云芳懂得："只拥有事业的人生是不完整的。亲情、友情是生活的基石，是人性光辉的一面。"1992年冬，《光明日报》全国记者会最后一天，樊云芳突发肠道出血被送到海军总医院。医生诊断：直肠癌中期。残酷的现实，将正处于生命、事业巅峰的樊云芳

我的未来不是梦

抛到人生的谷底。

13年后，樊云芳在《生命之歌》一文中自述了当时的心境：

"明天就要被推进手术室——直肠癌全切除手术。去有时，'归'无期，谁也不能保证我还能活着走出这个医院。47岁——正当年富力强的年龄，但也许从此后再不能睁开眼睛，再不能站起来，我怎能不深深留恋眼前的每一片落叶，每一丝清风！""我多么渴望在动手术之前再过一过普通人的生活：我想再去理个发，即使要离开这个世界，我也要留下平生满意的形象，有尊严地走；我想再逛一个大商场，在橱窗前悠悠闲闲地观赏那些美丽的商品，多年来繁忙的工作使我总是把这样的闲情逸致留给了下一次；我想到报社附近的陶然亭公园里那一株槐树下再坐一坐，那一片草地，那几株疏朗的灌木，那些欢欣雀跃、婉转啼鸣的鸟儿，曾多么地令我着迷……"

手术成功了，樊云芳回到了这个让她无限眷恋的世界。在与死神苦苦搏斗的75个冬日里，两张单据是透入病室的阳光：一张"温暖的单子"，记着曾来医院探视的200多位朋友和同仁的名字，它浸染着报社的关爱、亲友与读者的亲情和友情，驱逐了孤独和黑暗，慰藉着樊云芳的心；另一张"灿烂的单子"，列着出院后打算做的事：给老父亲祝80大寿，携两个儿子到长江三峡旅游，回阔别17年的山西浑源县走访老友，再写一本关于新闻理论的书……樊云芳要在第二次生命中将这些心愿一一兑现，不留遗憾。

大病过后获得新生的樊云芳，也获得了新的人生感悟："在你为钟爱的事业奋斗的时候，请不要忽略你的家庭和亲人；在你一心一意追求工作业绩的时候，请不要排斥其他的生活乐趣。"在苏州做化疗的8个月，本来就苗条的樊云芳体重又下降了20斤，满头青丝脱尽，满脸枯黄和苍老取代了原来的神采奕奕。但只要身体状况允许，她就与丈夫手牵着手，蹒跚地穿行于大街小巷。结婚22年，他们从未如此从容悠闲。总是一心扑在事业上的樊云芳，没有尽到母亲的责任。化疗结束回到家中，儿子的一番话让她心碎："我从小没有母爱，你总不在家，一回来就问我考了多少分。如果成绩不好，你就发火，骂完又一阵风走了……我常常想，妈妈对她的读者那么好，肯为他们做各种事，为什么就不肯为我做一碗面条？生病时，我就盼你来摸摸我的额头,但我盼了 20 年,就是盼不到……"樊云芳蒙着头在被窝里哭了一夜,泪水浸透了枕头。她自责:"我以工作为挡箭牌,把身为母亲的责任推给别人、推给社会,既不是个好母亲,也算不上个好记者。""是光明日报为我提供了舞台,是改革大潮提供了机会,是编辑部上上下下付出了默默的奉献,是全家人为我作出了牺牲。"樊云芳说,"名记者的光环不仅属于我,更属于光明日报,属于时代,属于我的同事和亲人。"

51 岁的樊云芳勇敢地重返心爱的记者岗位。她给自己重新定位:做一个快快乐乐的记者,在平凡而踏实的工作中找回自己的尊严和价值。随着被化疗严重损害的身体一点一点地恢复,因病沉寂了 4 年的她又"蠢蠢欲动":"我还能不能当记者?"当记者,要深入现场,否则难有精彩的报道;当记者,出差是家常便饭,病前,她一年有大半时间外出采访。但现在,她已不具备那样的身体条件。譬如牙齿,连菜梗都咬不断,只有稀饭豆腐常保平安。还有腹泻,极顽固,偏偏又是人造肛门,稍不小心就会弄脏衣服被褥,故对出差就有一种畏惧感。 更让樊云芳犹豫的是:"假如重返岗位后写的报道大失水准,我宁愿永远消失,让读者记住我最光彩的时刻。"

最终,她说服了自己:"名记者的光环就那么重要吗?当一个普通记者怎么就没尊严、没价值了?大树和小草,哪个贡献更大?牡丹和牵牛花,谁更美丽?精英和普通人,往往被厚此薄彼。只有赶走自己内心的浅薄与庸俗,才可能坦然面对世俗的眼光。因此,首先要做的,是不断净化自己的灵魂。从死神手里夺回的第二次生命,不是用来自暴自弃、一蹶不振的,更不是用来争名夺利、斤斤计较的!"

1996 年,樊云芳重返记者队伍。这位曾转战南北、已随丈夫在海南安家的当年的"大牌记者",名片上印的是平平淡淡、简简单单的"光明日报海南记者站记者樊云芳"。时过境迁。到北京回报社开会,许多熟悉的老面孔不见了,一些曾向她请教过新闻写作的年轻人,如今已成了她的上司;外出采访,几乎"隐姓埋名"的樊云芳,有时甚至会遭到"冷遇"和"怠慢"。她对这些淡然一笑,不以为意。"朋友们感觉到这位原先的'女强人'已变了个样子,不再像过去那样争强好胜咄咄逼人,而是变得超然了,宽容了,随

我的未来不是梦

103

和了。"光明日报一位樊云芳的同事在文章中这样描述。樊云芳说："现在站在这里的是一个新生的我。这个我，对职称、职务、待遇之类的'身外之物'已经不大在乎，对待世俗的眼光，也尽可能淡然、释然、坦然、超然。"但是，重新走上记者岗位的樊云芳，在新闻上对自己的要求没有变化：虽不强求写出轰动性的稿件，但写的一定要"是新闻"——未经实地采访，决不动笔。

"如果知道她得过癌症，我怎么也要阻止她那次玩命一样的采访！"海南邮电报总编辑张少中对此顿足后悔。那是 2000 年冬天，张少中带着樊云芳从海口到三亚，沿途采访了一路。在通什，他们采访了乡邮递员史宏珊，写了通讯《为了一双双期盼的眼睛》；在保亭县毛感乡，他们跋山涉水，采访了接替因车祸殉职的丈夫走上邮路的黎族农村妇女黄春香——通讯《一个人的邮电所》就在现场写出了初稿；在三亚，采写了《天涯投递班的"三不放过"》。回海口的路上，临时又加了个采访点——文昌……

三天半时间，马不停蹄地采写了 4 篇稿件！"那天在黄春香家，看到黄家大女儿考上卫校因筹不足学费躲在角落默默抹泪，樊大姐悄悄掏出 500 元压在桌子上。"张少中对这个细节记忆犹深。"我们不清楚樊大姐辉煌的过去，但她的敬业让我们感受到了昔日辉煌在她身上的延伸。"海南省委宣传部宣传处处长张春明说："我们看到了她身上表现出来的一个党的新闻工作者的优秀品质。"

61 岁的樊云芳退休后返聘，如今依然是一名勤奋敬业的"普通记者"。她和丈夫至今珍藏着"温暖的单子"，品味着美酒般醇香的珍贵友谊。每年 11 月 17 日——动手术的日子，他们都会"验收"那张"灿烂的单子"：已经兑现了的，勾之去——那是生活的馈赠；还没来得及做的，要抓紧。

一个晴朗的夜晚，在去西沙群岛采访的海上航行中，樊云芳仰望满天星斗，心中刹时溢满了幸福。她说："我就像这群星中的一颗。虽然不大、也不耀眼——那不重要，重要的是，我也在其中，发着自己的光。无数的星星交相辉映，才组成了这壮丽灿烂的星空。"

逐梦箴言

力求在新闻作品中能奉献给读者一点点属于自己的独特的构思、独特的文采、独特的新意和感受，并渴望这"一点点"能为读者所品尝、所理解、所认可、所喜爱。

知识链接

"三八红旗手"和"三八红旗集体"是妇女界的主要荣誉称号。三八红旗手是我国在 3 月 8 日妇女节颁给优秀劳动妇女的荣誉称号。主要是表彰在中国各条战线上为社会主义物质文明和精神文明建设做出显著成绩的妇女先进人物和妇女先进集体。1960 年，全国妇联决定在纪念三八国际妇女节五十周年的时候，表彰一万个妇女先进人物和以妇女为主的先进集体，并分别授予"三八红旗手"、"三八红旗集体"的奖状和奖旗。"文化大革命"期间，全国"三八红旗手"(集体)的评选表彰工作曾一度停止。1979 年，这一工作才重新得到恢复。

我的未来不是梦

■ 当亲民的记者

当勇敢的记者，陈小钢做到了；而当亲民的记者、当聪明的记者则是"夜航人"平日里对自己的要求。

《新闻夜航》的成长路上充满了浓浓的人情关怀。

2000年12月20日，节目组接到一位家长的电话，说他的儿子已经几天没回家了，有人在附近的"黑网吧"看到过他，陈小钢立即派记者对"黑网吧"暗访，晚上他又将这位家长请进直播室，当他含泪对着镜头说出："孩子，你快回来吧，爸爸妈妈都在想你！"电视机前的父母们都为之动容。第二天，离家出走5天的孩子终于回家了……随后，《新闻夜航》连续两个月推出《黑网吧黑，游戏厅乱》的系列报道，反响强烈。

在2002年初的《关注农民工，讨回打工钱》的系列报道中，《新闻夜航》帮助许多进城的农民工讨回了自己的血汗钱，在采访中，很多记者受到拖欠工钱单位的威胁；而《给梦想插上翅膀》的帮助贫困大学生继续学习的系列报道，是《新闻夜航》的又一个成功策划。

节目播出后，在全国引起强烈反响，全国各地的观众纷纷向这些贫困大学生伸出援助之手，热线电话响个不停……

关注您身边的世事百态，讲述您身边的大事小情，《新闻夜航》就这样一步步走入观众的心……

2000年10月，陈小钢和他的同事大刀阔斧地对《新闻夜航》进行改版，

《新闻夜航》以全新的节目形态迅速赢得广大观众和新闻界同行的认可。

在国内权威收视调查机构发布的全国上星台新闻节目调查中,《新闻夜航》节目观众满意度居全国省级电视台第一位。时任中共黑龙江省委书记的徐有芳曾为《新闻夜航》节目题辞:"聚焦龙江大地,述说百姓心声。"

逐梦箴言

说话的艺术不要求说得多, 而要求说得恰到好处。不要求有文采,而要求有深度。

知识链接

《新闻夜航》是黑龙江电视台的一档晚间新闻报道栏目,开播以来,从百姓身边小事入手,关注社会生活,走进事件现场,扩大新闻视点,不断创新发展,赢得了多方肯定与赞扬。

我的未来不是梦

杜献洲的记者生涯

骑牦牛巡逻七昼夜　西藏测绘三次遇险

《走向界碑七昼夜》成为杜献洲在牦牛背上采写的成名作。1994 年 10 月，他到帕米尔高原无人区亲历全军距离最长、最艰险的边防巡逻。离开家时，他悄悄把钥匙解下，做好了"一去不复返"的最坏准备。这条巡逻线位于中印、中巴边界，穿行在中印争议区，是分裂和恐怖分子铤而走险进入我国的通道之一。此次巡逻，是守卫国家领土和安全的重要行动。中秋节这天，他随红其拉甫边防连的官兵进入无人区，沿途是连绵雪山，不能骑马，只能骑高原牦牛。他与边防官兵顶着鹅毛大雪和刺骨的寒风，在陡峭的山坡上缓缓爬行，饥了啃口方便面，渴了吃把雪，夜晚没有帐篷，就睡在岩石下。当沿雪山顶巡查了第 8、9、10、13 号界碑后，他全身多处摔伤碰伤，内衣上血迹斑斑。返回时，他骑的牦牛误入绝壁，四蹄仅踩在裸露的三块馒头般大的石头上。他自言自语道："完了，这下完了。"泪水也"哗"地淌了下来。不料想，牦牛颤颤悠悠地爬出了险境，将他从死亡线上拉了回来。

《走向界碑七昼夜》发表后，他收到了不少读者来信，其中军报刊登的一封来信写道："《走向界碑七昼夜》，将深深印在读者心中，因为她是军报记者用生命铸就的篇章。" 2002 年 6 月，成都军区测绘大队执行填补西藏基本比例尺地图空白区的任务，这是我国测绘史上最后一块基本比例尺地图空白。21 年前，这个部队开始进藏执行测绘任务。每年随行的最后一辆卡车负责拉棺材，这座高原上已牺牲测绘官兵 23 人。此次测绘，又要经历曾经历过的一切。杜献洲随行采访时，前线总指挥、副大队长薛冰以"出了事负不起责"为由予以拒绝。最终，他通过组织"干预"才得以成行。进藏第三天，危险就降临，杜献洲因缺氧昏倒在测绘途中，摔伤下巴，缝了十多针。伤未痊愈，脸上还贴着纱布，他又和测绘勇士一起出征了，过独木桥，穿越野兽出没的原始森林，攀登冰川绝壁，完成了海拔5 600米和4 800米两个点的测绘任务。途中，河水暴涨，他和官兵手挽着手闯险滩时，一股急流突然将他卷走，战士迅速将他捞起才幸免于难。他采写的通讯《用生命丈量念青唐古拉》发表在军报头版头条。11月23日，《中华新闻出版报》用整版刊登了他的采访经历，并配发言论《生命的体验》。言论称赞道："如果说，测绘兵是在用生命丈量念青唐古拉，那真正的记者就是用生命书写共和国历史的战士。"巡查过全国海边防线上1 000多号界碑的杜献洲，曾和其他同志一道连续102天走西北边防，途中车陷冰河，又冻又饿，陷入困境，红山河机务站等3个连队的官兵在夜里四处寻找；他两次在沙暴中迷失方向；他连续30天翻越喀喇昆仑山、冈底斯山、喜马拉雅山，每晚头痛得只能睡两个小时，心跳达120次/分钟，终于采写出系列报道《走向海拔5 000米以上的边防哨所》；"三九"隆冬，他两次到最寒冷的东北边防，记录−49℃在冰河上潜伏的体会；狂风肆虐时，他下到新疆阿拉山口边防连当兵，在11级大风中体验执勤；在伽师地震灾区，他和救灾官兵一同经历6.3级强余震；他迎着"榴莲"、"尤特"两次强台风上南沙、走西沙；在最南端的哨所华阳礁，他与水兵一同守海6天6夜。《中国新闻出版报》记者采访时问他："你真的不怕危险？"他答道："作为记者，很多时候，拒绝危险就意味着拒绝新闻。"

奋勇冲进小汤山　重要战役挑大梁

杜献洲先后参加全军重大宣传报道60多次。在重大宣传中，他用走边防那股劲头去"拼"去"抢"。在"非典"时期，他作为军报参加抗击非典报道的首批记者赶赴小汤山。当时，正值疫情高发期，北京街头人车稀少，他不知道路怎么走，也不知道自己能不能平安回来。可他全然不顾，在小汤山一蹲就是20天，采写报道25篇，真实记录了抗击非典的全过程。这20天，考验记者的是独立、快速、连续的采写能力。为抢"第一时间"，他天天

进隔离区，做到当天采写、当天发稿。当他得知患者中一位 13 岁的女孩与家人失去联系、情绪不好时，当即回家提了一兜水果和零食送进病房，还让女儿写了一封热情洋溢的慰问信，小患者高兴得把信贴在床头，并开始积极配合治疗了。军报开设《小汤山定点医院记者守望札记》后，报社领导点将让他开篇，他出色地完成了前 11 篇札记。在人民大会堂举行的全国新闻界抗击非典表彰大会上，他作为解放军报"优秀记者"代表上台领奖。

"神五"发射时，作为解放军报首发阵容的杜献洲，清晨 6 点，就和丁海明记者一起蹲在航天城门口抢新闻。短短 3 天，他发表了 8 篇报道、4 幅照片。采写航天员杨利伟从北京航天城出征的现场见闻，成为独家报道。他参加"上海五国"首次联合反恐军事演习时，天天顾不上吃晚饭，每天发回一篇独家报道《"联合-2003"反恐演习目击记》，被很多报刊和网站转载。

西部大开发后，他跑遍西北五省（区），采写了 4 个整版的调查报告：《西部的路》《西部的树》《西部的水》《西部的娃》，是媒体中最早系统介绍西部的报道。建国 50 周年，他与记者部副主任郑蜀炎走遍三军，采写了一组 14 篇《从身边事看 50 年》。在"两会"报道中，他独自一人承担的《两会日记》，受到众多读者喜爱，成为军报近 4 年的固定专栏，是用轻便形式表现重大主题的成功尝试。一位报社领导说："别看每天仅几百字，却能从中看出记者的功力。"他参与采写的《中国"十五"主旋律》获全国人大好新闻一等奖，《国家形势好　军营喜事多》受到中宣部第 131 期《新闻阅评》高度评价。

在亲历中思考边防　在采访时想着士兵

为报道好边防，杜献洲阅读了很多相关的历史书籍。在采写《走万里边关　观千年沧桑》时，他曾邀请新疆大学历史系冯锡时教授一路同行，先后采访了 51 个边防连队，随行携带的复印资料达 2 000 多页，边研究，边采访，写了近半年。其后还采写了《构筑崭新的边关》《大海·蓝天·雪山的对话》《乌苏里江：一条大河静悄悄》等思考性报道。杜献洲的边防报道充满感情。

2000 年 8 月，他在西藏白朗县采访时遭遇洪水，当看到部队营救被困官兵时，车一停，他穿着棉衣就跳进刺骨的雪水中，一边救人，一边抢拍镜头，整整泡了 6 个小时。当时，他亲眼目睹了武警白朗县中队指导员伍明成牺牲的悲壮过程。他在现场采写的通讯《勇士一去不回头》和照片刊登后，让很多读者热泪盈眶。有的读者来信问他："为什么你的稿子总是很抓人？"他答道："只要把官兵当成亲兄弟，笔下自然有真情。"一次上阿里，他听说大雪封山 9 个月的什布奇边防连官兵想见记者，便当天骑马上山，途中挖雪 11 个小时。在中哈边界铁列克特边防连前哨班当兵时，战士张凯在大雪中迷路，他一个人冒着被冻死的危险，连续跋涉 3 个多小时，寻找迷路的战士。他走西北边防时，边防的战士就把他当成贴心战友，许多战士亲切地在他衬衣上签字留念。他至今保留的一件衬衣上，边防官兵的签名达 500 多个。

逐梦箴言

只有一条路不能选择——那就是放弃的路；只有一条路不能拒绝——那就是成长的路。

知识链接

严重急性呼吸综合征（Severe Acute Respiratory Syndromes），又称传染性非典型肺炎，简称 SARS，是一种因感染 SARS 冠状病毒引起的新的呼吸系统传染性疾病。主要通过近距离空气飞沫传播，以发热，头痛，肌肉酸痛，乏力，干咳少痰等为主要临床表现，严重者可出现呼吸窘迫。本病具有较强的传染性，在家庭和医院有显著的聚集现象。首发病例，也是全球首例。于 2002 年 11 月出现在广东佛山，并迅速形成流行态势。2002 年 11 月—2003 年 8 月 5 日，29 个国家报告临床诊断病例病例 8 422 例，死亡 916 例。报告病例的平均死亡率为 9.3%。

我的未来不是梦

智慧心语

宝剑锋从磨砺出，梅花香自苦寒来。

——朱熹

苟有恒，何必三更眠五更起；最无益，莫过一日曝十日寒。

——胡居仁

你想成为幸福的人吗？那你首先要学会吃得起苦。

——屠格涅夫

科学是到处为家的，——不过只是任何不播种的地方，它是不会使其丰收的。

——赫尔岑

世间没有一种具有真正价值的东西，可以不经过艰苦辛勤劳动而能够得到的。

——爱迪生

第七章

丰富广博的学识

阿内特

◦导读◦

　　当记者需要有社会良知和吃苦耐劳的精神，然而仅有这些，是必要而不充分的。一切具有价值的精神食粮，背后一定有丰富的学识灌溉它。

"一个改变他人生轨迹的任务"

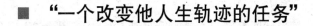

能够分配进中央电视台,曾经是很多大学毕业生的梦想。

但是对于 1984 年毕业于吉林大学的孙玉胜来说,这份工作似乎并没有令他欣喜。因为,当时的电视远没有今天这样大的规模和影响,做电视对于经济学出身的他来说有点"阴差阳错"。

然而,"这个时期其实正是中国媒体实力大调整的前夜",当时的孙玉胜并不知道迎接他的是一个即将步入黄金发展阶段的事业。

1992 年,在一个洒满阳光的秋日早晨,时任央视新闻中心主任的章壮沂交给了孙玉胜一个改变他人生轨迹的任务:"台里决定把早间时段开发出来,已经物色了几个人,由你来牵头负责。""早间"是什么?是露水清凉的林荫小道,还是热气腾腾的大饼油条?带着一个巨大的问号,孙玉胜开始了对早间节目的设计。

几经周折,首先确定下来的是一个新闻人物专栏,其次是关注社会的现场报道专栏,第三是生活服务专栏,第四是一个音乐电视点歌专栏。

接下来,人手的短缺问题马上凸显出来。孙玉胜说:"当时,事业单位的体制决定了我们只能在编制内考虑,而大家都有自己所属的栏目,能集中起来做早间节目的人很少,能集中起来制作我们想要的节目的人更少。"

于是,更多的人员物色开始瞄向台外。"办法不是我们拍脑袋想出来的,是形势逼出来的。"从刚开始的"只是过来干活",到后来的社会公开招聘,早间时段的开发无意中也开辟了央视的第二用工制度。

我的未来不是梦

在电视圈内，有人说当年的《东方时空》就像电视界的延安，一种强大的感召力让年轻知识分子从四面八方云集而来；也有人说，《东方时空》更像是电视界的深圳，新一轮新闻改革的实验就是从这里开始的。

《东方时空》——"改变中国人早晨不开电视机的习惯"

1992 年春天，孙玉胜参与拍摄一部大型系列片，在广东街头一本杂志上看到了这句广告语："太阳每天都是新的"。

他说，此后多年来，每当默诵着这句古老的希腊谚语时，内心都会充满创业的激情。《新太阳 60 分》，就是孙玉胜受"太阳每天都是新的"影响，为早间节目最初设计的名称。

然而，创意的兴奋还没有退去，时任台长杨伟光以一句"难道还有老太阳吗？"让孙玉胜的热情瞬间消失殆尽。

彼时的孙玉胜对"太阳"二字情有独钟。几轮考虑后，最终，替补名称《东方时空》横空出世。

1993 年 5 月 1 日，孙玉胜和他那 30 来人的"临时工"队伍聚集在中央电视台二楼新闻播出机房，忐忑不安地观看他们的第一个爱子：《东方时空》首期节目。

清晨 7 点，崭新的电视节目《东方时空》，走进了千家万户，给亿万观众送去了中央电视台的第一声问候。"看完《东方时空》就像刚从南方的早市上拎回的一条正扑腾着的活鱼、一捆绿油油的青菜。"观众这样评论。《东方时空》把长期以来高高在上、不容置疑的话语方式变为真诚亲切、聊天拉家常的话语方式，一经播出，大获成功。《东方时空》改变了中国人早晨不开电视机的习惯。"海外媒体如此报道。"当时还没有意识到《东方时空》开启了一个电视新闻改革的时代。当时我们只是想把电视新闻节目做得更好看。"《东方时空》开播 10 年后，孙玉胜在接受媒体采访时说，《东方时空》的影响超出了他的预期想象。

新闻评论部——"为自己的理想和中央电视台的荣誉尽职尽责"

"加入新闻评论部是我们自愿的选择，我们愿意为中央电视台的荣誉

和尊严尽职尽责。在这里,我们崇尚求实、公正、平等、前卫。"

孙玉胜认为在他担任央视新闻评论部主任期间,最令他骄傲的是提议并主持起草了这个部训,这个部训也成为新闻评论部的文化灵魂。

新闻评论部曾经一度被视为中国电视改革的前沿阵地。

1993 年 12 月 2 日,新闻评论部正式成立。1994 年 4 月 1 日,《焦点访谈》开播。1996 年 3 月 16 日,《实话实说》开播。1996 年 5 月 17 日,《新闻调查》开播。1997 年,香港回归 72 小时直播。1999 年,澳门回归 48 小时直播。1999 年,国庆 50 周年直播……"多年里,新闻评论部乃至新闻中心的许多同仁都在为自己的理想和中央电视台的荣誉尽职尽责,甚至付出了巨大的牺牲。他们始终令我欣赏和尊重。"孙玉胜说。

2000 年,孙玉胜任中央电视台副总编辑,开始分管央视国际 3 年。

2003 年 3 月,孙玉胜成为中央党校中青班第十九期学员。一年培训结束后,他兼任中央数字电视传媒有限公司总裁。

2005 年 5 月,孙玉胜任中央电视台副台长,自此后他的名字开始与奥运紧密联系在一起。

至于当年新闻评论部的那些"牛人",不少依然活跃在央视的新闻舞台,尤其是那些"名嘴"们,敬一丹、白岩松、水均益、崔永元、张泉灵、董倩、张宇……但凡遇到重大新闻事件,都少不了他们的身影。

"他们至今无法被超越。"孙玉胜说。

改变语态——"把媒体的视角放低"。

《十年—— 从改变电视的语态开始》一书是孙玉胜在 2003 年写的有关央视 10 年电视新闻改革的故事,这本书在电视界几乎人手一本,且让很多人"读之不忍释手"。

白岩松曾在《十年》的读后感中写道:"无论是作为他的老部下,还是作为一个和他从未谋面的读者,翻开《十年》这本书,第一印象,可能就是无处不在的'人'字。如果你愿意寻找,就还能看到一个关键词,那就是:理想主义。"

孙玉胜则说,写《十年》时,副题"从改变电视的语态开始"让他琢磨了

我的未来不是梦

好几个月，等到终于想出"语态"这个词时又在担心是否有造词的嫌疑。"当时我在网络上检索了一下，只有涉及到语法时才有'语态'这个词。我当时想，这些节目最刻骨铭心的改变是什么？其实就是语态，把媒体的视角放低，不说大话，不说空话，用观众乐于接受的、平民化的表达方式。'三贴近'首先是从叙述方式开始。""'真诚面对观众'不仅仅是一个口号，不仅仅宣扬着栏目的态度，它也是一种可以指导节目操作的方法"。孙玉胜的这本《十年》写得如此扎实，很难想象作者竟然是没有学过电视却干电视的人。

就是这样一个没有经过新闻专业培训的人，凭借着激情与执著，成为一名优秀的新闻人，被人们誉为"传媒英雄"。

1987年，孙玉胜采制的新闻《一条马路隔断了两个企业的产需联系》获全国新闻评比特等奖，同年编辑制作了全国第一部全面介绍中国改革开放的6集系列片《时代的大潮》。

1993年，孙玉胜获中国新闻界编辑最高奖——首届"韬奋新闻奖"；1995年，被评为"中国十大杰出青年"；1997年，被选为中共十五大代表。

孙玉胜是一个没有学过新闻却干新闻的人。

刚进中央电视台的时候，他一度以为"蒙太奇"是哪个外国记者的名字；在操作层面上，他至今没有亲手拍摄过一部纪实节目。

就是这样一个人，直接参与创办了《东方时空》、《焦点访谈》、《实话实说》、《新闻调查》等深度新闻栏目。

就是这样一个人，亲自参与策划了香港回归、澳门回归、国庆50周年、相逢2000年等大型直播报道。

就是这样一个人，所写的《十年——从改变电视的语态开始》一书，在电视界几乎人手一本。

这个与"开拓者"、"领军人"、"传媒英雄"等名称常联系在一起的人，就是孙玉胜——中国最年轻的"韬奋新闻奖"获得者，第六届"中国十大杰出青年"，中共十五大代表，中央电视台党组成员、副台长。

逐梦箴言

积极的人在每一次忧患中都看到一个机会，而消极的人则在每个机会中都看到某种忧患。

知识链接

《焦点访谈》于 1994 年由中央电视台新闻评论部创办，节目定位是：时事追踪报道，新闻背景分析，社会热点透视，大众话题评说。自开播以来，受到党和国家领导人、各界观众的广泛关注和重视。它以深度报道为主，以舆论监督见长，是中央电视台收视率最高的栏目之一，多次获中国新闻界最高奖项。栏目平均每天收到数千条来自观众通过电话、信件、传真、电子邮件、QQ 等方式提供的收视意见和报道线索。

我的未来不是梦

■ 记者出身的作家

亨德里克·威廉·房龙(Hendrik Willem Van Loon 1882—1944)，美国著名记者、作家，1882 年出生在荷兰，他是出色的通俗作家，在历史、文化、文明、科学等方面都有著作，而且读者众多，他是伟大的文化普及者，大师级的人物。

房龙青年时期先后在美国康奈尔大学和德国慕尼黑大学学习，获得博士学位；房龙在上大学前后，屡经漂泊，当过教师、编辑、记者和播音员工作，在各种岗位上历练人生，刻苦学习写作，还曾经专门从通俗剧场中学习说话技巧。1913 年起他开始写书，直到 1921 年写出《人类的故事》，一举成名，从此饮誉世界，直至 1946 年去世。房龙多才多艺，能说和写 10 种文字，拉得一手小提琴，还能画画，他的著作的插图便全部出自他自己手笔。

许多青少年就是在房龙著作的陪伴下成长起来的。房龙著作文笔优美，知识广博，其中不乏真知灼见。干燥无味的科学常识，经他的手笔，无论大人小孩，读他的书的人，都觉得娓娓忘倦了，在茶余饭后，得到一点科学常识。他为世人留下了 30 多部作品，而且每部书都由他自己画了插图，这些房龙风格的插图也是宝贵的遗产，并影响着后来的科学作家。例如著名的科学家和科普作家、美国的盖莫夫，也是学着房龙的样子，为自己的作品画插图。

他的著作包括《宽容》《人类的故事》《文明的开端》《奇迹与人》《圣经的故事》《发明的故事》《人类的家园》《伦勃朗的人生苦旅》等，贯穿其中的是理性、宽容和进步。他的目标是向人类的无知和偏执挑战。他采取的方式是普及知识与真理，使它们成为人所尽知的常识。

早在 20 世纪 20 年代，房龙的名字对我国读者就不陌生了。他的不少著作，如《人类的故事》《房龙地理》等书，都已有了中译本，风行于我国读书界尤其是青年读者之中，产生了广泛而良好的影响。其选题基本上围绕人类生存发展的最本质的问题，其目的是向人类的无知与偏执挑战，普及知识与真理，使之成为人人所知的常识，因而具有历久不衰的魅力。

应该指出，房龙对科普宣传和创作有着深刻的影响，例如苏联的伊林，他的《黑白》《几点钟》《不夜天》等，可以说是以房龙作品中点到的内容为题，进一步作了充分发挥。伊林的名著《人怎样变成巨人》应该说是苏联版本的《人类的故事》。

《房龙地理》（即《人类的家园》），此书是房龙于 1932 年所著，是一本不可多得的好书。它的宗旨是"把所有的高山、城市、大海统统放进地图里，只告诉我们生活在那里的居民的情况，告诉我们他们为什么会居住在那里，他们来自哪里，他们在干什么——把人类关心的故事写进地理学"。换句话说，此书注重的是人文地理，一经他的渲染，平常我们看来很枯燥的地理知识，里面的山山水水、草草木木就显得栩栩如生。

历史发展到现在，已经注明人类居住的这个地球是太小了。"环境保护"是现代工业发展到一定程度才提出的，房龙在书中多次指出，地理环境会影响人类的生存，反过来人类生活又会影响地球的环境，并用历史事实反复提醒人类应如何与地球友好相处，否则就会受到自然界的惩罚，他的这些观点都有相当的超前意识。

《房龙地理》出版后的第二年（1933），我国就出版了中译本。《发明的故事》《圣经的故事》也陆续出版了中译本，影响了当时一代的通俗作家，特别是科普作家。虽然这是半个世纪以前的作品，但今天读来仍然那样的有新鲜感，是那样的引人入胜。由此可见房龙作品的魅力。

房龙以其广博的知识、独特的视角和娴熟的表达为我们树立了一个地理知识的范本。地理知识是公众所共同拥有的，为什么能冠上房龙的名

我的未来不是梦

121

字?《房龙地理》自有其不同于别人之处。房龙也是分国家来讲述地理,但他并不像杂货铺的老板那样,满足于陈列一个个国家的人口、面积等,他有意识地将人在地理中的活动贯穿在知识的介绍中。这个国家的气候、地势如何,人们是怎样来适应自然、利用自然继而改造自然的;特定的环境中,人们选择了怎样特定的生活方式,继而是如何影响当地的风俗、历史的,最后形成这个独一无二的国家和民族的。如果说以前的地理教科书是幻灯片的话,那么《房龙地理》就是一部活动的电影,里面的一切都栩栩如生,可触可感,呼之欲出。

《发现太平洋》,喜欢探险的人可以读到 15 至 18 世纪欧洲人"地理大发现"中的所有重要的探险活动。从 1519 年至 1522 年麦哲伦首次环海航行,到 1642 年至 1643 年艾贝尔·塔斯曼航行至澳大利亚、新西兰,从 1728 年白令穿越白令海峡,到 1768 年至 1779 年詹姆斯·库克先后 3 次环海航行。喜欢地理的人,也可详尽地了解太平洋的经纬。

在选读房龙的著作时,虽然《发明的故事》的科学内涵,相比之下会更多一些,但其作品在世界上影响最大的还是他的成名之作《人类的故事》。房龙的成名之作《人类的故事》,是写西方文明发展史,主要对象是少年。这本书在 1921 年 11 月推出,立即成为畅销书。房龙因此书曾获得美国图书馆协会和美国儿童读物协会颁发的两枚奖章,以表彰他在美国儿童读物领域"所做的杰出贡献"。这本书的主要读者定位为少年儿童,实际上远远超过未成年少年儿童的阅读水平。

房龙写《人类的故事》时爱因斯坦的相对论还没有深入人心(尽管爱因斯坦早在 1905 年就提出相对论,但即使他在 1921 年获得了诺贝尔物理学奖,人们还是没有真正认识到相对论的价值),许多人都认为经典物理已经达到科学的顶峰,人类社会也已经发展到了某种极限,而房龙却这样预言未来:"到了公元 10 000 年……他们(指我们的后代)会把拿破仑……和成吉思汗或马其顿的亚历山大混为一谈。刚刚结束的世界大战会被他们当作罗马和迦太基之间的长期商业冲突……甚至值得我们骄傲的医院、实验室和手术室看上去也不过是稍加改进的炼金术和中世纪医生的工作间。"

因此现代人并不值得骄傲自大。房龙揭示了欧洲爆发的第一次世界大战的根源。他提出，我们时代的发展特点是物质文明远远走在精神文明前面，"科学家们开始制造钢铁、化学、电的新世界，却忘了人类思维比那个谚语中的乌龟要迟缓"。于是"这个笨拙的中世纪机构突然应时代要求去处理机械、工业世界的高度现代化问题，它就被迫根据数世纪之前定下的游戏规则尽其所能地去做了"。

《圣经的故事》《人类的故事》《宽容》并列为房龙的三大名著，自出版以来，一直饱受赞誉，传读不衰。

房龙在《美国的故事》中，以其渊博的学识，简洁、流畅的笔触，叙述了从哥伦布发现新大陆至 20 世纪 30 年代在北美大陆上的风云变幻。对美利坚合众国的形成、诞生和发展叙述颇详。对历史事件、西方文明、科技发明对人类生活的影响、美国的政治生活都有详尽的阐述，内容丰富、资料翔实、涉及范围广泛、知识量大，非一般美国历史书籍所能及。本书文笔生动活泼，写人述事，栩栩如生，不乏奇文妙语，读来饶有趣味。

《天堂对话》一书内容涉及文学、历史、哲学、宗教、政治、音乐、地理等知识领域，同时，时间跨度也是相当大的。在《天堂对话》一书中，作者凭借自己丰富的想象力，不拘时空限制，采用古今对话的形式，介绍了几十位在人类历史上颇具影响的人物。这本书通过对邀请历史人物出席晚宴的情景描写，生动地烘托出了这些人物的生平事迹、思想观念、生活习惯和性格特征。房龙的《天堂对话》写作风格很独特。在历史事件和历史人物的铺述基础上不露声色地表达出自己的人生观和针对现实社会问题的思考，可谓《天堂对话》的最大特色。从文学的角度看该书确有一定的研究与欣赏价值。并且，读一读这本书，既可以大致了解一批著名历史人物的情况，了解一些他们生存年代的社会背景，又可以补充人类文化学方面的知识。

读房龙的书，对他亲手绘制的插图断不可视而不见。相反，它们是房龙作品的一个组成部分，是文字难以替代的内容。房龙的作品不仅是用青少年都能看懂的语言讲述了成年人也同样感兴趣的内容，更重要的是他把人类文明的进步与科学技术的发展相结合来讲述。他实际上是大文化思

我的未来不是梦

想普及的先驱者。他也是用文艺手法宣传科学的大师。正如郁达夫先生所说："房龙的笔，有这样一种魔力，但这也不是他的特创，这不过是将文学家的手法，拿来讲述科学而已"。应该指出，房龙对科普宣传和创作有着深刻的影响。

逐梦箴言

再长的路，一步步也能走完；再短的路，不迈开双脚也无法到达。

知识链接

地理大发现是指 15—17 世纪（又称大航海时代，即新航路的开辟），欧洲航海者开辟新航路和"发现"新大陆的通称，它是地理学发展史中的重大事件。

艺术相通，厚积薄发

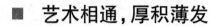

毛松友（1911－2000），名仿梅，字松友。1911 年 10 月 15 日生于浙江省江山县仕阳村（今属江山市大桥镇）一个世代务农的家庭。他 7 岁上学，在江山县立文溪小学高小毕业后，1924 年 8 月考进衢州浙江省立第八中学。

当时正值国共合作进行北伐战争的大革命时期，他受学校进步教师的影响，思想要求进步，于 1925 年 6 月参加社会主义青年团。

1927 年 2 月，由毛振森同志（江山人，又名毛云霄，共产党员）介绍加入中国共产党，积极参加了当时衢州地区的革命活动。1932 年 9 月，毛松友结束了求学生涯，担任上海《晨报》记者。

1937 年，上海"八一三"事变后，全面抗日战争爆发，毛松友目睹敌寇入侵，百姓家破人亡，流离失所，深切感到国家兴亡，匹夫有责。激于民族义愤，他毅然放弃了个人待遇优厚的工作，参加群众组织的红万字会，做救济伤兵难民的工作。

抗战期间，他多次冒险救死扶伤，并拍摄了敌机疯狂轰炸、大量难民逃亡以及重庆大梁子隧道惨案等控诉日寇残暴罪行的照片，为这场伟大而惨烈的抗日战争留下了真实的历史资料。

几年中，他先后救护从战区逃出来的难民数万人，协助他们向后方疏散，并设立临时难民收容所，为大量无家可归的难民安置食宿。同时，他还在四川万县、北碚、自流井、五通桥等地筹设战区儿童慈幼院，收容抚育流

亡儿童学生先后达 5 000 多名。鉴于孩子们小学毕业，不能独立生活，他又在四川万县创办印川中学，并任校长，对流亡儿童进行继续培养教育。这种救亡济难对儿童进行培养教育的精神、行动，是对国家民族的重大贡献。对此，当时抗日将领冯玉祥也深受感动，亲笔书赠"任劳任怨教育从敌寇炮火中抢救出来的孩子"的字幅送给他，这幅题词强烈谴责了日寇的残暴罪行，热情赞誉了他舍己救人的救亡工作，字里行间闪烁着崇高的心灵霞光。

1952 年 6 月，毛松友调任新华通讯社记者。

1954 年起，他负责反映新中国文化、教育、体育等方面的报道。

毛松友是一位摄影工作者，他的作品来自生活，为群众疾苦呼吁，努力为苦难人民服务。炽热的心灵、远大的理想，驱使他将创作的意图和自己的行为统一起来，从而拍摄了很多具有强大生命力和历史意义的作品，如《抗敌无名英雄》《逃难》《苦力》《盲人》《劳动创造生活》等等，他不愧为人民的摄影家。

毛松友说，艺术家应为人类做出有益的贡献，绝不能空谈艺术，指出摄影艺术是有个性的。一切艺术活动是人的实践活动。他说："其实没有人的成分，就没有任何艺术，艺术家如果不为人类做出有益的工作，那怎能说得上人类灵魂工程师呢？摄影是直接反映现实生活的工具，你不参与现实斗争就没法反映现实生活，这是和其他艺术门类最根本的区别。

1976 年 1 月和 4 月在哀悼周总理的"四五"运动中，他毅然去天安门广场拍摄了十几幅感人至深的照片。

1985 年，毛松友退休在家，仍致力于摄影艺术事业，他修订了《人像摄影艺术》和《摄影技艺》两部专著，并着手编选他的《摄影艺术集》。《摄影艺术集》经过他的苦心选编也于 1996 年定稿，起初定名为《生命的浪花》，选用了 200 多幅他摄影生涯中较有代表性的作品。他对这本集子要求甚高，在每幅作品下都配上一首诗作，他的摄影作品和他的诗，是真正意义上的"生命的浪花"。

70 多年来，毛松友从实践和理论上对中国摄影事业的发展做出了杰出的贡献。他著作丰富,作品题材广泛,包括已出版和将要出版的著作,合计 80 多万字,所摄照片 10 万余幅,出版摄影画册 6 套。这些照片除遭到损失的之外,现尚保留下来 8 000 多幅,而他 20 世纪 50 年代在新华社工作的 9 年当中,向国内外发稿的新闻照片就有 1 000 多幅。这些底片都保存在新华社资料室,成为极为珍贵的历史文献。几十年的摄影生涯,使他形成了一种严谨认真、一丝不苟的工作作风。在技术上精益求精,不断追求艺术上的更高境界。他撰写的《新闻摄影》、《实用摄影》、《报影技法》等多部摄影专著,成为我国最早培养摄影专业人员的教材。历史不会被忘记的,毛松友的作品将永载史册,代代相传。

逐梦箴言

昨晚多几分钟的准备,今天少几小时的麻烦。

知识链接

抗日名将冯玉祥将军戎马一生,由士兵升至一级上将,所部从一个混成旅发展成为一支拥有数十万人的庞大军队。在其 50 余年的军事生涯中,以治军严、善练兵著称。注重爱国爱民精神教育;强调纪律是军队的命脉,致力整饬军纪,并身体力行,赏罚严明;关心爱护士兵,要求官长与士卒共甘苦,以带子弟的心肠去带兵。严格训练部队,尤重近战、夜战训练和恶劣气象条件下的艰苦耐劳锻炼。编著《军人精神书》、《战阵一补》等书作为教材,并经常给士兵讲课示范。在作战指挥上强调知己知彼,速战速决,以己之长击敌之短,借助夜暗和恶劣气候,运用侧后突袭战术,出其不意地打击敌人。人称"布衣将军"。

我的未来不是梦

■ 中国新闻界的标杆

邹韬奋是著名的新闻记者、政论家和出版家。原名邹恩润，"韬奋"是其主编《生活》周刊时写社评时用的。

邹韬奋是笔名。其时，他用十几个笔名分担《生活》的几乎全部撰述。韬奋最好的撰著是《小言论》三集（时评）、《萍踪寄语》三集（海外通讯）和《经历》、《抗战以来》（回忆录）。

韬奋"在小学的最后一年就在心里决定了，那就是自己宜于做一个新闻者"。其时，他的 3 个榜样分别是：在《时报》写《北京通讯》的远生（黄远庸），因为他探访新闻的能力实在好，而且写得实在好，流利、畅达、爽快、诚恳、幽默；编《新民丛报》的梁启超，因为他"锐利明快、引人入胜的写的技术"；办《甲寅杂志》的秋桐（章士钊），因为"秋桐文字的最大优点是能心平气和地说理，文字的结构细密周详，对政敌或争论的对方有着诚恳的礼貌"。

韬奋 1921 年从圣约翰大学毕业后，并未如愿做成新闻记者，直到 1926 年 10 月接编《生活》周刊，才正式开始他的新闻事业。《生活》创刊于 1925 年 10 月，是黄炎培的中华职业教育社的机关刊物。韬奋接编时，《生活》只有 2 800 份左右，赠送的居多。而到 1933 年，每期销数达到 15.5 万份，创中国杂志发行的空前纪录。

韬奋的办刊经验就是抓"一头一尾"，"头"是言论，"尾"指答复读者来信。"小言论"栏，每期仅几百字，却是他"每周最费心血的一篇"，因而，"这一栏也最受读者的注意；后来有许多读者来信说，他们每遇着社会上发生

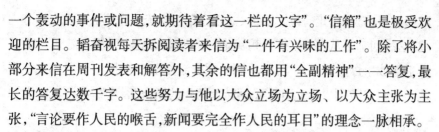

一个轰动的事件或问题,就期待着看这一栏的文字"。"信箱"也是极受欢迎的栏目。韬奋视每天拆阅读者来信为"一件有兴味的工作"。除了将小部分来信在周刊发表和解答外,其余的信也都用"全副精神"一一答复,最长的答复达数千字。这些努力与他以大众立场为立场、以大众主张为主张,"言论要作人民的喉舌,新闻要完全作人民的耳目"的理念一脉相承。

邹韬奋主持下的《生活》周刊,是由(谈)生活而(谈)社会,由(谈)社会而(谈)政治。由"向来注重问题社会而不谈政治",到"渐渐注意于社会的问题和政治的问题"、"渐渐转变为主持正义的舆论机关",从讲"进德修业"的生活期刊,转变为"材料内容尤以时事为中心,希望用新闻学的眼光,为中国造成一种言论公正评述精当的周刊"。在这个过程中,有"济南惨案"、"九一八事变"、"一·二八淞沪抗战"等关节,《生活》周刊都有出色的作为。以上种种,拓宽了《生活》的空间,确立了《生活》作为新闻评述周刊无可替代的信誉和韬奋作为新闻人、政论家的声誉。

1933 年 7 月,邹韬奋被迫开始他一生 6 次流亡中的第一次亡命天涯。5 个月后,《生活》被查封。又两个月,生活书店推出《新生》,由杜重远主编。1935 年 6 月,《闲话皇帝》一文事发,《新生》被封,杜重远入狱。邹韬奋闻讯,于 8 月底回国,11 月创办《大众生活》。《大众生活》每期销行 20 万,出到第 16 期,被查封。一个月后,再创《永生》。《永生》出到第 17 期,被查封。邹韬奋不肯赴蒋介石的南京之约,出走香港,第二次流亡并创办《生活日报》。《生活日报》一创办即销行 2 万份,震动港九,但因为印刷、递送等种种原因,55 天后自动停刊。韬奋随即将《生活日报星期增刊》(改名《生活星期刊》)带回上海出版。1936 年 11 月被捕,12 月该刊被封。"七七事变"后,韬奋被释,8 月即创办《抗战》三日刊。次年《抗战》与《全民》合并为《全民抗战》,销量曾高达 30 万份,还推出了"战地版"、"通俗版"。

韬奋一生坚守独立精神的报格、人格,绝不肯将社会给予的"信用"转送、附会。他一再拒绝国民党大员将生活书店与中正书局合并的企图,终至生活书店被"消灭"殆尽,55 家分店被封 54 家。1941 年 2 月,韬奋决然

辞参政员之位，出走香港，第四次流亡。第三次流亡是他从日占上海赴内地，这一回却是从"国统区"赴殖民地。5月，《大众生活》周刊复刊。12月太平洋战争爆发，《大众生活》终刊。韬奋流亡东江游击区，转赴苏北根据地。1944年7月21日，在病榻辗转近两年的韬奋，因耳癌病逝于上海。

逐梦箴言

人生伟业的建立，不在能知，乃在能行。

知识链接

九一八事变（又称沈阳事变；日本称满洲事变，因中国东北被日本称作满洲）指1931年9月18日在中国东北爆发的一次军事冲突和政治事件。冲突双方是中国东北军和日本关东军。九一八事件爆发后，日本与中国之间的矛盾进一步激化，而在日本国内，主战方地位上升，导致日本走上全面侵华的道路。这次事件爆发后的几年时间内，东北三省全部被日本关东军占领，因此被中国民众视为国耻，直至今日，9月18日在中国许多非正式场合都被称为"中国国耻日"。

官员记者

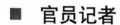

范长江,杰出的新闻记者。原名范希天,四川内江人。有《中国的西北角》和《塞上行》两部新闻作品集。

范长江,曾为《大公报》记者,后入解放区从事新闻,再后,官至新闻总署副署长、《人民日报》社社长,1956年以后,他虽然从事的是科技部门的领导工作,可他仍然是中国最著名的新闻记者和新闻官员。游动,在他年轻时代的生活中,是常态,当时的中国时间凝滞、空间隔绝,游动成了获取信息的重要方式。第一次是被动的。1927年,他在武汉加入国民革命军二十军的学生营,随军入南昌,参加了南昌起义,学生营在潮州被打散,他于是流落于广州、福建、江西、安徽一带,讨饭为生,重病几死。

1935年7月,他判断红军北上将改变中国政治格局,而且西北地区将成为抗战的大后方,但是荒僻的西北又不为人所知,为破荒解僻,他以《大公报》特约通讯员的名义开始了在西北的游动,西达敦煌,北至包头,全程4000里,历时10个月,足迹及于川、陕、青、甘和内蒙古等广大地区,这些作品陆续在《大公报》刊出,轰动一时,结集成《中国的西北角》后,数月内连出7版。

说范长江是在当时走得最多的记者,恐怕不为过。在西北行中,他还体现了高超的采访技巧,在青海,他想写马步芳,马根本瞧不起文人,他于是打通马身边的关系,与马比枪斗酒,在聊天时套出内情,将人名、数字等要点记于裤袋内的小本上。他最后采得这样震慑思想的结论:在自我的观点上来训练军队,来发展经济,来对付异民族,来教育青年,这个做法将走

我的未来不是梦

131

上非常危险的道路。西北行后，范长江成为《大公报》的正式记者，他也正式把破荒解僻、打破新闻封锁作为自己的追求目标。

1937 年 2 月，他在博古与罗瑞卿陪同下，进延安，与毛泽东作通宵长谈，毛泽东向其讲解十年内战及中共的抗日民族统一战线的方针政策，从此立场转向亲近中国共产党。这次采访所写的《陕北之行》，在国统区发表后，引起了蒋介石的不满。此文后来收在他的另一部著名文集《塞上行》中。1938 年秋，范长江在社论《抗战中的党派问题》中反对"一个党，一个主义，一个领袖"，又与《大公报》决裂。

随即在周恩来领导下，在长沙创办国际新闻社。当时在国统区，新闻报道和宣传工具，严密控制在国民党中央宣传部手中，除中央社以外，全国不容许有新闻报道机构，而且一切报纸刊物都要受到严格的新闻检查。国民党内部的军委会国际宣传处也对国民党中央宣传部不满，他们支持为其提供新闻的国际新闻社的成立，国民党军委的宣传竟然是由共产党领导的、一个激怒了当权者的记者主持的机构提供新闻！新闻封锁的厚幕似乎轻易就可以打开。

逐梦箴言

征服畏惧、建立自信的最快最确实的方法，就是去做你害怕的事，直到你获得成功的经验。

知识链接

八一南昌起义，指 1927 年 8 月 1 日，中国江西南昌，由中国共产党领导的军队针对国民党反动派的反共政策而发起的武装反抗事件。揭开了中国共产党独立领导武装斗争和创建革命军队的序幕；8 月 1 日为中国人民解放军建军纪念日。

无所不能的阿内特

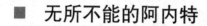

阿内特是世界有名的战地记者，1966 年普利策国际报道奖得主。多年来，阿内特共取得 57 个主要新闻奖项，2006 年，英女王授予他新西兰功绩勋章，以表彰其在新闻工作上的卓越表现。

阿内特最广为人知的，是他 1991 年首次波斯湾战争爆发时在巴格达所作的现场报道，以及当时与伊拉克总统萨达姆所进行的访问。1981 年，阿内特加入美国广播公司，专门报道拉丁美洲、中东、中亚和非洲的战事新闻。阿富汗战争爆发后，美国全国广播公司及微软全国广播网的采访队伍离开战地，阿内特仍在阿富汗为他们网络报道每日战况。

他的额头很高，目光矍铄，声音略带沙哑，带有美国人很自然的幽默感。他已经 72 岁了，可能你难以想象，这位老人此前半个世纪里，奔跑在全球硝烟弥漫的战场，从 20 世纪 60 年代越南战争、1991 年海湾战争，到 2003 年伊拉克战争、阿富汗战争，并独家采访过萨达姆和本·拉登。

10 月 26 日，世界著名的战地记者、普利策新闻奖得主彼得·阿内特(Peter Arnett)造访珠海，在珠海联合国际学院里讲述了自己跌宕的战地故事。

亲睹自焚他不施救　"我只是一个记者，不应直接干预历史进程"

为美联社报道越南战争，阿内特曾经一做就是 13 年，从战争开始前一直待到战争结束。

"1962 年夏天，美联社派我到越南南部报道，当时，这还是一场小型战

争。可是，在越南等待着我的，是一个比预期重大得多的新闻故事。当时越南是个分裂了的国家，北面是共产主义政权，南面是民主政权，它也是处于冷战时期的斗争核心——共产主义和西方阵营的对垒。"

阿内特亮出了一幅他当时拍摄的照片：一个骨瘦如柴的越南人坐在地上，身体的一半已经燃烧起来。"这是 1963 年 10 月 5 日，一名佛教僧人为了抗议美国政府发动越战，在西贡市的一个十字路口自焚，我当时很害怕。但是我还是先拿起相机，拍下了他的照片。"

僧人自焚的照片刊登的第二天，就有美国报纸的社论质疑阿内特：为什么当时不先尝试阻止那个僧人自焚？而阿内特给予的反应是："我是个记者，不是消防员又或者是拯救别人于苦难的守护天使。这个僧人的死并非意外，而是美国控制下的越南政府的政治产物。我，作为一个记者，不应直接干预历史进程。"

阿内特说，当时的美国政府想阻止他们报道真相，希望用军事手段吓怕他们。但是他们继续报道，只是没有采用公共传讯系统，而是把采访资料交给一些乘民航前往曼谷或香港等邻近城市的友善旅客，让他们把报道和照片交给在当地的分局。

轰炸巴格达他在现场　"如果我害怕，就错过绝好镜头"

两次海湾战争，彼得·阿内特都在战场上。他说："我像个士兵，但是最重要的区别是，我没有枪。"当有人问在战场上，他会不会觉得害怕、孤独，有没有快乐的时候，彼得·阿内特笑着说："最让我不开心的是在战场上，我没法每天都喝威士忌。"

"我几乎每天都在面对死亡。有时候我看着照片也会想，这些人为什么会死去，他们为什么要忍受饥饿，为什么有美军士兵要送命，但是我知道，我能做的，只是想尽办法把我看到、我听到的一切报道出去。"

阿内特还展出了一张让他引以为傲的照片，是他于第二次海湾战争的战场上，在美军轰炸巴格达时拍摄的。照片上，一团巨大的火球在窗外不远处爆炸，隐约可以看到周围的建筑物模糊成了火海。阿内特回忆，当时他在屋子里用摄像机对着窗外拍摄,没想到飞机扔下来的炸弹就在对面房子旁边爆炸,一瞬间,他被巨大的气流一下子推到了后面的墙壁上,但仍然紧紧抓住摄像机,走到前面继续拍摄。"我没时间害怕,因为如果我害怕的话,这个绝好的镜头就错过了。"

西方采访本·拉登第一人 "采访前被检查了6天,连笔都不能带"

作为在阿富汗战争爆发之前,第一个采访本·拉登的西方记者,彼得·阿内特说,本·拉登是个非常危险的人物。"他非常有钱,有私人军队,没有国家,没有种族,没有家族,没有土地,没有主人,但他可以杀很多很多人。"

阿内特说本·拉登从他父亲那里继承了2亿美元,但是他自己平时的吃穿用却非常的俭省,他发誓要把美国人赶出阿拉伯世界。"很多阿拉伯人不喜欢本·拉登,但是塔利班政府喜欢他,因为他给了他们很多钱。他也喜欢塔利班政府,因为他们关闭学校,让妇女待在家里。他和塔利班政府信奉一样的准则,用武力达到目标非常有必要,只要是为了达到目的,一切牺牲都是有必要的。"

1997年3月,阿内特通过本·拉登在伦敦的办事处,在东阿富汗恐怖分子严密控制的贾拉拉巴德的一个山头上见到了满脸胡须的本·拉登。本·拉登对记者非常敏感,在他接受阿内特的采访之前,他的人用了6天的时间确认阿内特以及他的制片人和摄像师是没有危险的。"我们不能戴表、皮带,甚至不能带笔。""连笔都不能带吗?"记者问道,"是的。因为他们怕我们会用笔尖扎死本·拉登。"甚至阿内特的衬衣、袖口的缝隙都被仔细地检查过,因为他们害怕他会在那里藏针一类的东西。"由于我们不能用皮带,所以我们都拉着裤腰走路。"阿内特笑着比了一下他拉裤子的样子。"我们的身上还被装上了光反射装置,不管我们走到哪儿,他们都知道。"

第6天的傍晚,阿内特和他的制片人、摄像师终于在被蒙着头走了两个多小时山路之后,见到了本·拉登。"有两个保镖贴身保护他,我用英语

我的未来不是梦

135

提问,他用阿拉伯语回答。我问了他3个问题:为什么发动恐怖主义?未来的目标是谁?他跟家族的关系如何?"

"后来有美国的记者问我,既然他是那么危险的人物为什么当时不杀了本·拉登。我想也许我的确有机会杀了他,但是,我为什么要这样做呢?我只是一个记者,我只想完成我的采访。"

下面是他与记者的对话:

记者:你在战场上看着人们死去,你没有办法帮助他们吗?或者你就是无动于衷的?

阿内特:我并不是无动于衷。我看着人们在我面前渴死,但是我不能把水给他们喝,因为那样我自己也会死。我只是一个记者,我不是救世主,我总是这样对自己说。总是有人问我是不是喜欢跟政府对抗,我只能说,我首先是个记者,然后,才是个美国人。

记者:作为一位著名的战地记者,你是怎么看待战争的?

阿内特:在我的记者生涯中,我从来不做任何判断,我不觉得任何战争是对的,或者是错的,我只是报道它们。

记者:你采访过萨达姆和本·拉登,是否有跟他们共同进餐?

阿内特:我从来不和采访对象交朋友,不和他们一起吃饭或者喝茶。有人觉得这样做可以让他们获得更多的讯息,但是我从来不和他们交朋友,不然他们会想要从我这里获得自己的利益,我不想让他们告诉我什么是可以报道的,什么是不可以的。

记者:你现在的生活情况呢?

阿内特:我现在教书,当汕头大学客座教授,我的生活非常忙碌,私下里,我和克林顿联系比较多。

记者:你怎么看你的中国学生?

阿内特:我很喜欢我的中国学生,我觉得他们敏锐,好奇心强,有探索精神。

逐梦箴言

成功属于奋斗者。

知识链接

　　海湾战争是指 1990 年 8 月 2 日至 1991 年 2 月 28 日期间，以美国为首的由 34 个国家组成的多国部队和伊拉克之间发生的一场局部战争。1990 年 8 月 2 日，伊拉克军队入侵科威特，推翻科威特政府并宣布吞并科威特。以美国为首的多国部队在取得联合国授权后，于 1991 年 1 月 16 日开始对科威特和伊拉克境内的伊拉克军队发动军事进攻，主要战斗包括历时 42 天的空袭、在伊拉克、科威特和沙特阿拉伯边境地带展开的历时 100 小时的陆战。多国部队以较小的代价取得决定性胜利，重创伊拉克军队。伊拉克最终接受联合国 660 号决议，并从科威特撤军。

我的未来不是梦

137

◉ 智慧心语 ◉

博学之，审问之，慎思之，明辨之，笃行之。

——《礼记》

学不可以已。

——荀子

博观而约取，厚积而薄发。

——苏轼

知识就是力量。

——培根

知识是治疗恐惧的药。

——爱默生

第八章

宽容善良的情怀

曹爱文

◦导读◦

唯宽可以容人，唯厚可以载物。

镜头常带感情，画面直抵人性

2007 年 11 月 15 日，北京中国美术馆。一场别致的展览"粉墨人生——王瑶京剧摄影作品展"在迷离的光影中粉墨登场。本次展出的 60 余幅作品，是王瑶历时一年从各京剧院、戏曲院校台前幕后拍摄的数以千计图片中精选出来的。作者以其女性所独有的细腻心思，用手中相机为观众勾勒出一幅幅梨园深处最原汁原味的光影画面；在为期一周的展览上，展示国粹艺术所传承的中华民族人文精神。显然，作为目前国内最优秀的青年女摄影家，王瑶依然活跃在摄影创作一线，其代表作《60 岁舞蹈家重返舞台》、《后 911》等在国内外均取得巨大成功。

她，不光是以摄影谋生的人，更是以摄影为生的人。业内人士更是把她誉为"中国的摄影大使"。摄影大使比摄影大师更显得平易近人，尽管她在自己专业领域的辉煌成就和她对新闻摄影的贡献都堪称奇崛，以大师称呼并不为过。

如果你不知道王瑶这个名字，那么，这就显露了你对当代中国新闻摄影的陌生。

王瑶这个名字，从某种意义上说，就是中国新闻摄影的代名词，我们因她而骄傲，正如同我们因中国篮球大使——姚明、田径大使——刘翔、乒乓大使——邓亚萍、排球大使——郎平、舞蹈大使——杨丽萍、音乐大使——谭盾、钢琴大使——郎朗而骄傲，是同样一种由根深蒂固的民族、国家意识而生发的美好情怀。为了让世界了解中国，也为了让中国了解世界，我们

的确需要许许多多像王瑶这样的"摄影大使"，三百六十行各行各业的"大使"。一个人的作为和业绩常常是对万千心灵的感召，一个人的艰苦跋涉、卓绝努力往往是亿万人的心仪，就让我们一起来重温一下女摄影家王瑶那充满挑战与传奇的摄影人生吧……

5 岁按快门，一生恋摄影。

5 岁——这可是值得天下父母用心记好的年龄。

想想吧，这或许是千真万确的真理：5 岁的兴趣，决定一生的才艺。5 岁时，莫扎特开始对作曲感兴趣。他一边看着父亲写乐谱，一边自己模仿着涂抹。5 岁时，达·芬奇开始对绘画感兴趣。他凭着记忆，在被海水浸湿的松软沙滩上，画出了母亲的肖像。5 岁时，钱钟书开始对文字感兴趣。他和比他大两三岁的孩子一起上小学读书。王瑶，也是在 5 岁时，由酷爱摄影的父亲手把手，教她平生第一次按下了照相机的快门。那奇妙的"喀嚓"一声，强烈地震撼了稚气未脱的小女孩的心灵。父亲的照相机，变成了她最最喜爱的大玩具，在她的眼里，"是能够变出一切的魔术箱"。

正是有了这种童子功的底子，11 岁时，她才轻而易举地通过照片《开学了》，获得 1981 年度全国好新闻一等奖；17 岁时，当选为北京中学生通讯社社长，并于同年举办个人摄影作品展；18 岁被保送、免试进入大学新闻系摄影专业。摄影爱好，不仅使王瑶掌握了一种艺术技能，更培养了她的综合素质。拍人物就必须和人沟通，抓新闻就要了解社会，去采访就需要外交技巧，在报纸发作品就得赢得编辑的心……所有这一切，对一个小女孩来说，都是一个个发展个人能力的阶梯。

最有趣的是，王瑶说服央视著名体育解说员宋世雄做她的"模特儿"。

在第一届学通社招生现场，作为考生的王瑶，看到宋世雄陪着他的女儿一起来应试，便发现这是一个难得的新闻摄影题材——"宋世雄和他的女儿"，于是，马上前去试探着问："宋叔叔，请您和女儿坐一块儿好吗？我想拍张照。""不行，瞧，开会了。"解说员宋世雄拒绝的口气也像在解说，快言快语，干净利落。执拗的王瑶动也不动，同样用爽利的语句说道："宋叔叔，咱们是同行(新闻领域)呀，应该互相理解和支持嘛，麻烦您了。"听到一个小姑娘这样说，宋世雄也忍不住笑了。他事后对一位同事说："这小姑娘，行！"小王瑶愣是三两句话，就把堂堂电视台的"大腕儿"给说服了，"乖乖"地摆好姿势，走进了她的镜头。 无独有偶，学通社的小记者就是什么都不怵，敢闯。这次，是"六一"儿童节，在人民大会堂，由国家领导人接见全国少年儿童代表，场面可谓"巨大"。从广播电台里听到这个消息，小王瑶被职业意识所激发，赶紧从家里拎着相机飞奔出门，拉上自己的小助手，一路向大会堂赶来。她心想："全国小朋友的重大活动，咱们小记者当然不能错过，要去拍几张照片呀！"可是，像这种带有政治色彩的活动，没有采访证是很难进入现场采访的。果然，大会堂门前的警卫忠于职守，一把拦住了小记者。

小王瑶和她的小助手，两人面面相觑，刚才的兴致勃勃，变成了现在的闷闷不乐。 这样的一幕场景，让一位好心的叔叔——全国人大常委会委员长彭冲的秘书看在眼里，并报告了彭冲。没多久，让小王瑶和她的小助手大喜过望的情景出现了，这显得比她们要进入大会堂一事更加重要和有意义：委员长彭冲和蔼地出现在大会堂门口，他温和地对警卫说："应该让这两个小朋友进来啊。"边说边拉起她们的手，径直把她们领进了贵宾厅。大会堂的天花板不胜其高，灯火不胜其亮，墙上的画幅不胜其大，可在小小学通社记者王瑶的眼里，它们都不如彭冲爷爷俯下身来的微笑显得有魅力。王瑶在此见到了邓颖超和康克清奶奶，在两位奶奶的怀抱中感受了温暖，也幸运地得到了为两位奶奶拍照的机会。 说来也巧，王瑶与《北京日报》是结缘的。她在学通社发表的第一幅新闻作品，就刊登在《北京日报》上。在学通社成立的那天，《北京日报》总编辑王立行，对王瑶和另一位小摄影记者说："现在你们俩就跟我回报社，我要做个现场考试，看看你们刚刚拍的照片合不合格。"两位小摄影记者高兴地坐上了总编的小轿车，心情忐忑不安，也不知自己拍的照片洗出来会是啥样。王瑶一遍遍地检查自己照相机的设置是否正确，以便确认她拍到了小记者们第一次领到记者证时的喜悦。王总编让摄影部主任王振民接待小记者，很快她们拍的黑白胶卷就冲洗出来。照片会不会被选用呢？在这一天余下的时间里，王瑶总在想

这一件事。 第二天上学,课间操时,王瑶溜进了老师办公室,她兴奋地看到自己拍的照片,醒目地登在《北京日报》头版。刚当上学通社小摄影记者第一天,刚拍的第一幅作品就见报,预示着王瑶前程无量。无量前程是靠自己的不懈努力开创,小王瑶是小记者中跑的路最多的,发的照片是最多的。为拍好劳动着的煤矿工人,她连续往北京西郊的门头沟煤矿跑了五六趟,拍了上百张片子,才精选出几幅满意之作。她第一次体会到,"手中这几张薄薄的片子,是那样厚实,如同生命一样具有沉甸甸的分量。它们就像是自己的生命"。镜头不是无情物,向生命的岩层探询和挖掘富矿,在此后的摄影生涯中,成为王瑶执著而韧性的追求。

我们似乎已经习惯了有成就者必得坎坷,必遭麻烦,必逢磨难,必尝痛苦,仿佛唯其如此,作为采访者或读者——我们才会心安。而王瑶的履历表所填写的内容就是一串棒棒糖。是谁,在哪里,给了她这么多棒棒糖,这是我很想弄明白的问题。 王瑶在1992年从人民大学新闻系摄影专业毕业,来到中国新闻社做摄影记者工作后所得的第一根棒棒糖,就是她参加工作后第一次采访所拍的照片,获得了该年度中国新闻奖二等奖。 王瑶最初被分配到中新社广西分社工作,碰到的第一个任务是采访发生在桂林的"11·24"空难。

这架飞机从广州直飞桂林,发生空难后乘客无一生还。当王瑶赶到事故发生地时,武警战士已经里三层外三层严密封锁了现场,所有媒体都无法进入。情急、无奈之中,王瑶化装成当地农民媳妇,花10块钱,找到一位住在"禁区"内的老乡扮做丈夫,用自行车驮着她,总算混了进去。

如果有人说,"失控,才能拍到好照片",那么,恐怕没有谁会相信。但是,王瑶面对死难者的亲属,却无法控制自己的感情,那些亲属在哭,她也在哭,握着相机的手在颤抖,泪水把取景框打湿,眼前一片模糊。此时此刻,眼前一片模糊的人是最清醒的,而也有些记者对亲属的悲痛不能感同身受,由于哀容不整或说说笑笑被愤怒的亲属追打、驱逐。

镜头常带感情,画面直抵人性,是女摄影记者王瑶与许多其他摄影者最大的不同。这使她的照片增添了一种摄影技巧之外的吸引人的东西,不仅吸引，甚至是震撼。正是因为这种感情的投入，王瑶在现场得到了遇难者家属们的理解，没有人去打扰她，让她安安静静地站在远处，用长焦距拍摄到了难得拍摄的感人情景。她的新闻摄影作品《悼亡灵》中，也蕴涵着她本人对死难者深深的哀悼。

王瑶说："每一次采访，我都会投入自己的感情，都不是无动于衷的一台机器，去做简单的记录。"在我们生活的世界上，棒棒糖需要每个人用自己的苦心和艰苦的劳动去获得，没有捷径。

镜头真的不是无情物。谁说那快门"喀嚓"的一声响动，不是摄影者的一颗心灵的律动？

摄影仅仅是构图与光影的艺术吗？不是，它更是一种心灵的艺术。"我的拍摄充满情感，我每天都在用心体谅苦难者、幸运者、奋斗者、成功者的内心世界，通过照片和千万人一起分享人生快乐和分担时间的忧伤……"

通过心灵的投入，与拍摄对象之间建立一种亲情般的情感纽带，使王瑶不断地得到最佳拍摄"角度"，不断地征服读者和观众，从中国走向世界，直到成为美丽的新闻摄影皇后，在"荷赛"夺冠就是最好的证明。

荷兰世界新闻摄影比赛简称"荷赛"，被人们形象地比喻为"国际新闻摄影的奥斯卡"。2000年，30岁的王瑶选送的参赛作品是系列照《60岁舞蹈家重返舞台》，在122个国家、4 000多名摄影家、4万多幅摄影作品中脱颖而出，摘得"艺术类组照"金奖，同时也成为获此大奖的中国第一人。她用自己的美丽和独具魅力的镜头语言，向世界宣告了中国新闻摄影人的存在，这是她履行她自己都不太知晓中国摄影大使职责的开始。

而30岁的摄影记者王瑶和60岁的舞蹈家陈爱莲之间，因拍摄问题而发生的有趣故事，也在口口相传。陈爱莲经历了"文革"的坎坷，饱经磨难的舞者于晚年再登舞台饰演16岁的林黛玉，并非使所有人看好，一些人甚至以含有贬义的"老来俏"来嘲讽。在传统观念中，穿红戴绿是二八佳人的专利，与花甲老妪无干。台上台下、里里外外，整天为舞蹈为演出忙得跟总理似的陈爱莲，被王瑶冷不丁的一句"其实您很孤独"触动了，触疼了软肋。王瑶随陈爱莲到南方巡演，整天生活在一切，老人病了，她去拿药；老人累

了，她搬过一把椅子，摄影的生命力就来自生活本身的感染力……而所有这些，都让王瑶充满灵性的镜头捕捉到了。相信凡是看过这一组照——图片故事的人，都会被照片中所包含的人生内容所打动。

记得有人说过："高手总是幸运的。"摄影高手也如是，似乎只有他们才能总遇到上佳的题材和上佳的机会。

但我们不能忘记，而且要好好感谢一位名叫伊娜的人，她是世界新闻摄影大师班的工作人员，正是她的一句话给了王瑶信心和勇气。她说："如果你不参加（"荷赛"），就连百分之一的希望都没有，参加了说不准就有希望。"——好在王瑶记住了这句话。

在国际电影节，中国电影导演、演员受邀担任评委已经不算新闻，它表明中国的电影艺术和电影文化，在世界范围内所受到的尊重和喜爱。然而，与电影界相比，在新闻摄影这个特殊的专业领域，担任国际评委的难度似乎要更大一些，在深层文化的渗透力和影响力也更大。那个5岁就开始学拍照的王瑶，受邀担任"尤金·史密斯新闻摄影大赛"评委，在她30年的摄影生涯中，又一次刷新了中国新闻摄影历史的纪录，成为该摄影大赛历史上首位获邀担任评委的中国摄影家。一年一度的"尤金·史密斯新闻专题摄影大赛"，是世界新闻摄影界中最权威、最严肃的奖项之一，创办于1980年，在摄影家尤金·史密斯（1918—1978年）去世后，由他的朋友为纪念和发扬尤金·史密斯人文关怀、人道主义的摄影理想而捐资设立。尤金·史密斯既是一位著名的纪实摄影大师，又是理想主义者，被誉为"新闻摄影的普罗米修斯"，为追求完美、坚持真理、维护他的原则而受煎熬。他唯恐"景深极大，感情深度不足"，主张以"摄影文章"影响众生。作为二战中的战地记者多次负伤，代表作《水俣》（1972）表现日本渔民遭受工业污染而水银中毒的惨状，为此，他同渔民同吃同住达3年之久。

逐梦箴言

真正的爱,应该超越生命的长度、心灵的宽度、灵魂的深度。

知识链接

荷赛奖是世界新闻摄影比赛(WORLD PRESS PHOTO,简称"WPP",通称"荷赛"),由总部设在荷兰的世界新闻摄影基金会(WORLD PRESS PHOTO FOUNDATION)主办。该会成立于1955年,1957年举办第一届世界新闻摄影比赛,发起于荷兰,故又称荷赛,被认为是国际专业新闻摄影比赛中最具权威性的赛事。该会成立于1955年,自1957年举办第一届世界新闻摄影比赛以来,迄今已举办了54届。

我的未来不是梦

■ 郭梅尼的追求

郭梅尼长于人物通讯,文笔优美,真挚动人。其优秀作品不仅获得国内外好新闻奖,而且多篇入选中学语文课本。其代表作品有通讯《生命的支柱——张海迪之歌》《钱三强在居里实验室》《一个普通的灵魂能走多远》等以及作品集《人生当架几座桥》等。

郭梅尼每报道一个重大典型人物,都会引来一大批读者来信,少则几百封,多则数万封。为什么她"酿造"的"蜜"这么甜,她写的人物如此感人呢?

郭梅尼从多年的经验中总结出一条真谛:"记者要有一双时代的慧眼,心中要有一杆时代的秤。"她说:"社会是发展的,时代特点也在不断变化,人们的思想和追求也在不断变化。不同的时代,要选择不同的反映时代精神的代表人物。这就要求记者不断学习新事物,研究新问题,站在时代的前列,用一双时代的慧眼,去捕捉时代最新的事物和人物。"她正是靠了一双时代的慧眼,不仅发现了一个个站在时代最前列的先进典型人物,而且能摸准时代的脉搏,抓准这些人物所具有的新闻价值。

1979 年初,她决定采访数学家张广厚。她为什么要在这个时期采写这个人物呢? 郭梅尼了解到,当时全国科学大会刚刚召开,许多青年想攀登科学高峰,为"四化"做贡献,但有些人认为,"文革"期间青春已被耽误,再努力也没有用了;也有一些人想成才,却不知路该怎么走。针对青年中普遍存在的这种矛盾,她着重采写了张广厚这个矿工的儿子,当年数学曾

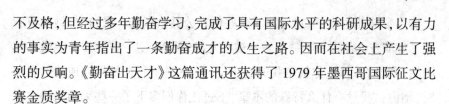

不及格,但经过多年勤奋学习,完成了具有国际水平的科研成果,以有力的事实为青年指出了一条勤奋成才的人生之路。因而在社会上产生了强烈的反响。《勤奋出天才》这篇通讯还获得了 1979 年墨西哥国际征文比赛金质奖章。

20 世纪 80 年代初,郭梅尼针对广大青年在人生探求方面存在的思想矛盾,采写了张海迪、钟桦、刘玲、徐效钢、曹雁等一批刻苦奋进的青年人物,在广大读者,特别是青年中产生了一次又一次轰动效应。在改革潮流中,她采写了勇于开拓进取的赴美学生袁和的故事(《一个普通的灵魂能走多远》),以及走出科研所到小城镇领办企业的女工程师李毓芬的事迹;在广大农村兴起科技脱贫热潮中,她又推出了一篇力作《星火财神——杨建秋》,并组织编辑了《纪念星火计划实施五周年》系列报道,杨建秋当选为 1991 年"青年十杰",星火系列报道受到中央领导同志的表扬。邓小平同志提出"科学技术是第一生产力"后,她又倡议并亲自编辑了《"科学技术是第一生产力"五十例》系列报道,用典型的实例,生动通俗地宣传了这一科学论断。她自己带头写了开篇《红薯登天梯》,被《人民日报》等转载转播,收到许多来信来电,在社会上产生了很大反响。她还采写了一些报道著名科学家的长篇通讯《人生当架几座桥——记桥梁专家茅以升》、《钱三强在居里实验室》、《把五星红旗插上科学之巅——记数学家杨乐》、《火箭老总黄纬禄》等等,在科技界和新闻界产生很大影响。

郭梅尼笔下的人物之所以能催人泪下,激人奋进,另一个原因是她能充分展示出人物丰富的内心世界,真实地再现他们美好的心灵。有人奇怪:凡是她采访过的先进人物,不管是德高望重的著名科学家,还是 20 来岁的青年,或者是十几岁的中学生,都无不向她启开心灵的宝库。原因何在呢?渐渐地同事们明白了:他们之所以对老郭报以信任和坦诚,是由于她棒出了一颗火热的爱心。

1981 年初,郭梅尼深深为一名双腿残疾、却每天坚持拄着双拐到北京图书馆看书自学的待业女青年曹雁感动了,为了把握住曹雁内心的追求,她在元宵节之夜和曹雁一起冒着鹅毛大雪、踏着滑得像溜冰场一样的路,

我的未来不是梦

去为几个孤儿包包子，过马路时险些倒在公共汽车前。采访中，她和曹雁成了好朋友。曹雁和她躺在一个被窝儿里，无话不谈。曹雁搂着她说："郭阿姨，我没有妈妈，你就是我的妈妈……"一些同行向她探问成功的奥秘时，她说："我没有什么特殊的本事，不过比你们多下了一些采访的功夫。"采访是报道成败的关键，也是记者成败的关键。因为新闻必须真实，写稿的全部材料，包括思想观点和每一个细节都必须通过采访得来。"她要求自己尽可能掌握第一手材料，坚持到现场采访。五六十年代，她经常上山下乡采访，和农民吃在一张桌，睡在一铺炕。一次，在河北平山一个深山采访，狼在她的窗下嗥叫。

近几年，她已年近 50，依然深入农村采访。1990 年夏天，她冒着酷热在大别山区采访，尽管大腿长满湿疹，还是爬山越岭，走进一户户贫苦农民家中访问，受到安徽省委书记卢荣景的表扬。1991 年在四川省三台县干坝五地区采写《红薯登天梯》时，她冒雨登上红土高坡，双脚粘着五六斤重的泥巴，步行到农户家中采访。不少同志赞叹："这样的名记者，年纪这么大，还这样深入，难得！难得！"

多年来，她心甘情愿做了大量培养新人的工作，热心为他人作嫁衣，精心编辑了大批稿件。许多慕名而来的读者求她办的许多琐事，她总是尽力而为。她家里摆设简单，都是些过时的旧家具，值得她夸耀的只有一件，就是为她立下汗马功劳的钢笔。她笑着说："这支笔太好写了，'文革'以后我所有的稿子都是用它写的。"郭梅尼常说："我不图万贯家产，也不求高官厚禄，只想积累思想，积累知识，积累生活，成为一个富有的记者，去歌颂我们伟大时代的新人新事。"这，就是郭梅尼的追求。

逐梦箴言

把自己当傻瓜,不懂就问,你会学得更多。

知识链接

　　《人民日报》是中国共产党中央委员会的机关报。《人民日报》为中国第一大报,是中国最具权威性、最有影响力的全国性报纸。报纸及时准确、鲜明生动地宣传党中央精神和中国政府最新政策、决定,报道国内外大事,反映最广大人民群众的意愿和要求。作为中共中央机关报,《人民日报》承担着每天向全国和世界传播与介绍中国共产党和中国政府的方针、政策及主张的重任,其中《人民日报》的言论(尤其社论和评论员文章等),已成为一面旗帜,被认为直接传达着党中央国务院的声音,而备受海内外读者关注及外国政府和外国机构的高度重视。

我的未来不是梦

■ 新闻怎么来获取

面对采访对象即将轻生坠楼时,记者是抢拍新闻还是抢救生命? 江西电视台五套新闻栏目《第五社区》两名记者喻萍和鲍宇红日前用自己的实际行动给这一问题一个很好的诠释。一石激起千层浪,喻萍和鲍宇红的事迹经媒体披露以后, 在全国引起了强烈反响。我们先来回放一下这段新闻:2005 年 5 月 27 日下午两点多,江西电视台五套新闻栏目《第五社区》接到线报,位于解放西路龙王庙的一幢宿舍楼起火,没有片刻停顿,记者喻萍和鲍宇红在第一时间赶到了现场。

现场还在冒烟,很快她们找到了失火地点,一处正在冒烟的阳台。受灾者邓大娘的家此时已成一片废墟,除了几件破旧的家俱,其他的不是灰烬就是污水,邓大娘悲痛欲绝的哭喊和邓大娘女儿无言的泪水让记者心里有种说不出的滋味,摄像机忠实地记录下了这一切。

没想到,正在这时,意外情况发生了,镜头中出现了这样一个画面——记者的采访对象、邓大娘的女儿爬上了窗台,突然降临的火灾使她痛不欲生,她要从五楼跳下去,以死来了结这一切……

没有多想,职业道德、社会公德告诉记者:救人要紧,绝对不能让一条鲜活的生命就这样在我们的镜头下消失! 不顾一切,记者放下摄像机冲了上去……

第二天,这两位记者说,我们虽然失去了一条鲜活的跳楼自杀新闻,甚至有可能失去了即将获奖的一条最佳现场新闻,但我们不遗憾。我们无愧于江西五套的红色情怀,我们无愧于江西五套的爱心舞台!

江西五套总监刘建芳高度评价了两位记者的行为,她说,失去了一条获奖新闻算什么,你们没有失去党和人民的嘱托,你们干得好! 全频道要向你们学习,我们对你们的嘉奖要比一条获奖新闻更重,因为你们行为的意义更重要! 她还指出,媒体首先应是社会环境的守望者,更是先进文化的承载者、传播者。我们决不能为了一时的经济利益而放弃自己的社会责任、道德责任,个别新闻工作者为了"吸引眼球"而成为"扒粪者",甚至以娱乐心态、看客心态不断制造新闻文化垃圾,他们自己的所作所为已影响到公众对记者、对媒体的信任,这是我们江西五套记者所不齿的。

逐梦箴言

　　始终保持着青春的朝气,从不埋怨生活的坎坷,哀叹个人的不幸。在前进的道路上,遇到困难就攻克它,碰到挫折就战胜它,小有成功则加倍努力,大有作为则更加发奋。在物质生活上以俭朴为乐,在精神生活上以高尚为荣,在创造生活上以进取为贵,力求自身的完美发展,以顽强、坚毅、自强不息的精神辛勤耕耘。

知识链接

　　新闻,是指报纸、电台、电视台、互联网经常使用的记录社会、传播信息、反映时代的一种文体。新闻就其广义而言,除了发表于报刊、广播、电视上的评论与专文外的常用文本都属于新闻之列,包括消息、通讯、特写、速写等等;狭义的新闻则专指消息,消息是用概括的叙述方式,比较简明扼要的文字,迅速及时地报道国内外新近发生的、有价值的事实。

我的未来不是梦

153

■ 从"最美女记者"的事迹所想到的

她是河南电视台都市频道23岁的曹爱文。在一次采访落水少女的报道现场，曹爱文不是先去采访，而是挺身而出，趴在女孩身上做人工呼吸。经过多次努力，女孩最终没能醒来。看着女孩的尸体，曹爱文哭了，泪水顺着脸颊滑落。这张照片一经上网，立刻引来众多网友跟帖，很多网友称她为当今中国最美的女记者。但也有人认为，采访是记者的第一要务，因救人而放弃采访的做法并不可取。还有一些网友提出，她这样做是不是在作秀？网友们在赞许曹爱文的举动时，对新闻和生命两者谁轻谁重也展开争论，多数意见是：在生死面前，生命才是第一位的。

这让我想起一个很著名的假设：假如你的女友和老母亲同时落水了，你先救哪个？有人毫不犹豫地说应该先救女友，还有的嘴上不这样说心里却这么想。他们依据的是完全属于功利的理由：女孩年轻，生命的价值大；老母反正都离死不远，而且还要儿子赡养。"人生而平等"，过去我们一直嘲笑这个说法十分虚伪，但现在我们看到西方国家实际上很令我们吃惊地贯彻了这个原则。为了这个原则，他们忘记了"追求利益最大化"，让功利靠边，让道德升位。

这就是说：生命和道德是第一位的，在生命、道德与功利之间，你正确的选择应该是生命与道德，而不是功利。

我们看到曹爱文也是如此，尽管她十分明确自己的工作职责，但在当时没有其他人能够正确及时地给小女孩施救，她就把自己的本职工作完全丢到了脑后，一心投入到非本职工作中去。她在本职工作与救人性命之间，毫不犹豫地选择了后者，是出于善良人性的本能。我认为能够做出这种自动选择的人，他的灵魂肯定没有受到任何功利的污染，洁白无瑕，熠熠生辉。对于反面的声音，我们不排除现在社会上有部分人利用传媒进行作秀，我想那是少部分人。但我们现在回过头来再看看当前的社会现象，好人好事没有人做了，也不敢做了，更多的是大家都在观望。当今社会上见义勇为的少了，违法犯罪的多了。我们知道如今不少国人染上的铜臭已经太重，他们的功利思想已经无以复加，面对别人的灾难甚至死的危险他们可以视若无睹，也不能光把"八荣八耻"放在口头上，做表面文章。这当中还不乏一些所谓的人民公仆，有的甚至就是担负有救人危难使命的警察：他们的座驾可以从危重伤病者身边疾驶而过，却丝毫不理睬群众请求救护的苦苦哀求。我们再看看这个记者的所作所为，难道不应该引起我们的深思吗？

逐梦箴言

含泪播种的人一定能含笑收获。

知识链接

　　2006 年 7 月 10 日曹爱文在河南郑州黄河花园口采访儿童溺水事件，在 120 还没有赶到的情况下，抛开采访工作，电话请教救人方法，奋不顾身抢救孩子，被网友称为"中国最美女记者"。

我的未来不是梦

记住！你是无冕之王！

智慧心语

唯宽可以容人,唯厚可以载物。

——薛 瑄

因为懂得,所以慈悲。

——张爱玲

地狱不空,誓不成佛。

——《地藏经》

有三种单纯而强烈的激情支配着我的一生,那就是,对爱情无法抑制的渴望,对知识永不停止的追求,以及对人类苦难痛彻心肺的怜悯。

——罗 素

宽容意味着尊重别人的无论哪种可能有的信念。

——爱因斯坦

第九章

恪尽职守的品格

柴静

我的未来不是梦

○导读○

　　我未必稳操胜算，却始终以诚处世。我未必马到成功，却不忘心中真理。我当与天下正直之士并肩而立，知其是而拥护之，知其非而离弃之。

——林肯

美丽女主持的"三个面对"

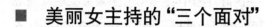

2008 年, 她以"5·12"汶川特大地震报道中的敏锐、果敢、专业、忘我, 折服了电视观众, 为抗震救灾工作创造了良好的舆论环境, 被网民评为"震区最美的战地记者", 李长春同志称赞她为"广大新闻工作者的优秀代表"。2009 年, 她以庆祝新中国成立 60 周年报道中的超大强度工作(庆典现场报道、演播室主持人、部长访谈录主持人、国庆游行准备工作的采访), 表现出出色的驾控能力和战斗精神……这只是她 13 年新闻生涯中的两个节点。她就是本文的主人公———张泉灵, 当新闻发生时, 她人如其名, 似灵动的泉水, 充满着激情和活力, 义无反顾、永不停歇……

面对荣誉

37 岁的张泉灵, 是第十一届长江韬奋奖(长江系列)获奖者中第二名最年轻得主。面对荣誉, 张泉灵说:"长江韬奋奖是新闻战线的殊荣, 对每一个新闻工作者而言, 那是一个美好而崇高的理想。但我从来没有想到过自己会获得长江韬奋奖, 相反心里更多的是诚惶诚恐, 更多的是总结和反思。"

诚惶诚恐得有些难以自拔的是 2008 年底和 2009 年初的那段时间, 因为张泉灵获得了一连串的荣誉: 全国抗震救灾先进个人、2008 年十大杰出青年、2008 年全国"三八红旗手"荣誉称号, 并作为抗震救灾英模事迹报告团中唯一的新闻工作者代表参加巡回演讲……

张泉灵感慨, 面对扑面而来的荣誉, 怎样正确对待确实有过压力和困

惑："仅中央电视台新闻中心参与汶川抗震救灾前方报道的就有 600 多人次,我绝不是在灾区待得最长、吃苦最多、遇风险最大、表现最好的。我不过是在全国影响力最大的媒体中,最早抵达灾区的一个主持人而已,偏偏我之前去的地方叫珠峰。"

有一个契机让张泉灵走出了困惑,2008 年奥运会的时候,张泉灵还是被放在了一个很显眼的位置。在国际广播中心(IBC),张泉灵突然发现最缺的不是采访者,而是切换导演。所以她就做了两位切换导演的秘书,不断报给他们最新的比赛成绩,不断告诉他们现在最应该看哪场比赛,比赛进行的状态。张泉灵不断奔跑在现场的系统电脑和切换台之间,做完那 16 天的幕后工作,她突然找到了人生的平衡点———那就是专心致志为别人、为同行付出的时候,更加透彻地领悟到了自己的角色定位———电视工作团队这台大机器中的一颗螺丝钉! 张泉灵说:"当你自己平和地看待自身、看待荣誉时,别人也就不会太在意你身上的光环。""我们台新闻中心就有 5 人获得过十大杰出青年称号,这说明公众对新闻人的尊重。""承担荣誉也是工作的一部分,那是中央电视台的荣誉,是电视新闻人团队的荣誉。""荣誉对个人而言更是鞭策。"

面对危险

回忆汶川大地震报道经历的险情时,张泉灵曾感慨:"差一点儿就会生死相隔。"

2008 年 5 月 9 日,张泉灵还在海拔 5 150 米的珠峰大本营做圣火耀珠峰直播。在听到四川发生地震后,她一天都没有休息,5 月 13 日下午直接申请从拉萨赶到成都,并立即赶往北川县进行灾情报道。在北川县入口前的山脊公路转弯处,她发回了第一段为期 4 分钟左右的现场报道。紧接着又发回了有关绵阳避难体育馆最新情况的第二段现场报道。

恶劣的环境再加上连续的奋战,电视观众可以看出张泉灵的疲惫,可以看到她坚韧的身影,领略她在镜头面前缜密的思维、流畅的表述和出色

的职业素养,但是观众看不到的是无时无刻不围绕在她周围的险情。

张泉灵回忆:"在漩口,我们16个人挤在一个非常狭小的帐篷里休息了一个晚上,所有人都没敢脱鞋,因为担心随时可能发生余震。在返回都江堰的途中,报道队伍刚经过一个非常狭窄的路口,后面500米高的山突然全面崩塌,如果稍慢一些,就可能是生死相隔了。""到达汶川比上珠峰还难。上珠峰很多是可以预计得到的,但去汶川,有太多不可预料的因素。"

当记者问张泉灵面对这些险情时,有没有感到恐惧,有没有想过退却时,她说:"当初我选择新闻记者这个职业时,我就想清楚了这个职业必须接受和承担的一切,它不仅仅是令人羡慕的见多识广,不仅仅是经历光鲜荣耀的场面,也包括必须面对危险、面对困难,这是新闻工作者必须承担的社会责任,也是新闻工作者必须要具备的勇气和担当。"

当记者又问张泉灵,在汶川面对险象环生,有没有感到女记者的不能承受之重时,她回答:"其实在危险面前,男记者并不比女记者更具有抵御力,就如同战争中子弹会同样穿透男人和女人的身体。相反我倒认为,在突发的灾害性报道中,女性记者更容易也更方便与受访对象沟通,比如与妇女儿童的沟通比男性记者更容易进行。""另外,在抢险救灾的大军中,更多的是男性成员,女记者采访在某种程度上会起到鼓舞士气的作用。"

的确,在汶川抗震救灾的报道中,张泉灵用她的话筒鼓舞着电视荧屏内外人们的士气。她在抗震救灾英模事迹报告团的巡回演讲中,有这样一段话:"一份帮助,乘以13亿就能帮灾区渡过难关! 一份关爱,乘以13亿就会变成爱的海洋! 一份信心,乘以13亿就是中国人的脊梁! 而在灾区奋战的记者,就是要用手中的笔、手中的话筒、手中的镜头去做好这个乘法! 大灾难中,我们用最快的速度,让全世界都看到了,一个古老而又新生的民族,万众一心,共赴国难! 大灾难中,我们用最人性的方式,让全世界都看到了,一个国家的坚韧与大爱! 这就是最真实的中国,我的祖国! "这便是广大新闻工作者中一位优秀代表的心声!

面对直播

聪明者善说,智慧者善听,高明者善问。作为中央电视台的新闻节目主持人、出镜记者,这三者必须兼得。

"电视新闻节目是依靠一个团队来完成的,那么,主持人或出镜记者在成就节目方面会占到多大比重?"涉及到电视新闻直播的问题时,记者一问张泉灵。她答:"很难回答占多大的比重,不同的节目要求,主持人或出镜记者承担的内容是不一样的。但是可以这样说,在整个团队节目运作的过程中,主持人或出镜记者是整个环节的最后一个出口,他(她)负责完好地呈现整个节目的意图和效果,也要负责弥补或挽回节目直播过程可能出现的瑕疵或意外。所以很多时候,成也萧何,败也萧何,主持人或出镜记者承担的责任是很大的。"

"那么,在直播新闻节目时,主持人或出镜记者最大的忌讳是什么?"记者二问张泉灵。她再答:"最大的忌讳就是没有弄清自己的身份,他(她)呈现的表象是服装不合时宜的光鲜、没有必要的浓妆、不服从导播指令随意延长自己说话的时间或出现违背节目主题的措词等等;导致的结果是喧宾夺主、突出个人,甚至影响整个节目的布局和节奏;带来的后果是破坏了团队的合作,由此会丧失整个团队对他(她)的信任。""因此很多时候,主持人或出镜记者工作时与其说靠的是智商,不如说靠的是情商。"这就毫不奇怪了,为什么现场连线的张泉灵给人印象最多的是素面朝天,而她在演播室采访嘉宾时,从来不粘假睫毛,也是为了不让受访者产生距离感,影响采访的顺利进行。

"主持人或出镜记者最应具备的素质是什么?"记者三问张泉灵。她又答:"好奇心和责任感!""我对新闻有强烈的好奇心,有强烈的探究欲和传播欲,所以我对做新闻永远有激情,并且中国这样大、发展这样快,这里有做不完的新闻!""记者应该有强烈的责任感,包括对职业的责任感和对社会的责任感,当新闻发生时,记者才能勇往直前、义无反顾。"

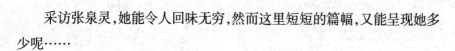

采访张泉灵,她能令人回味无穷,然而这里短短的篇幅,又能呈现她多少呢……

逐梦箴言

体验新闻魅力,把真情传递给观众。

知识链接

第二十九届奥林匹克运动会,又称北京奥运会,于2008年8月8日在中华人民共和国首都北京开幕,2008年8月24日闭幕。主办城市是中国北京,参赛国家及地区204个,参赛运动员11 438人,设302项(28种运动),共有6万多名运动员、教练员和官员参加北京奥运会。本届北京奥运会共打破43项新世界纪录及132项新奥运纪录,并破纪录,共有87个国家在赛事中取得奖牌,中国以51枚金牌居奖牌榜首名,是奥运历史上首个亚洲国家登上金牌榜首。

我的未来不是梦

■ 好照片来自近距离

　　罗伯特·卡帕是匈牙利人，1913 年生于布达佩斯，原名安德烈，卡帕是他的笔名。他 17 岁时就立志要当摄影家。在柏林大学求学后，先在柏林一家通讯社做暗房工作，后到巴黎当记者。由于他的摄影作品受到一家摄影杂志社的重视，他便被委派到战地进行采访。参与报道过 5 场 20 世纪的主要战争：西班牙内战、中国抗日战争、二战欧洲战场、第一次中东战争以及第一次印支战争。二战期间，卡帕跟随美军报道了北非、意大利的军事行动，诺曼底登陆中的奥马哈海滩战役以及巴黎的解放。卡帕被认为是"决定性瞬间"的集大成者之一，他的作品通过凝结瞬间再现了战争的残酷和暴戾，突出表现在他的几幅名作中。1947 年，他和"决定性瞬间"的倡导者布勒松一同创立了著名的玛格南图片社，成为了全球第一家自由摄影师的合作组织。

　　1936 年西班牙内战，卡帕在西班牙战场拍摄了一个战士中弹将要倒下，这幅使人有身临其境之感的作品以《西班牙战士》、《战场的殉难者》、《阵亡的一瞬间》等标题发表，立刻震动了当时的摄影界，成为战争摄影的不朽之作，也成为卡帕的传世之作。和卡帕一起到西班牙采访的还有他的年轻女友、德籍女摄影家葛尔德·达娜。他们共同奋不顾身地出没于硝烟弥漫的战场，达娜不幸死于坦克履带下。悲伤的卡帕，从此永远凝视关注着战场。他一生的摄影创作多取材于战争。他把照相机作为揭露战争的武器。卡帕说："照相机本身并不能阻止战争，但照相机拍出的照片可以揭露战争,阻止战争的发展。"1937 年,日本军国主义发动了对中国的侵略,第二年卡帕与《西行漫记》的作者斯诺一同约定赴延安采访,但是到了西安,受到国民党的阻挠,卡帕未能成行,当时他是抗日战争中唯一能在中国战区采访的盟军战地记者。他在上海等地,拍摄了许多揭露日本侵略军的罪行的新闻照片,公之于世,后又去英国、北非、意大利进行摄影采访。1944 年,他随联合国部队开辟第二战场,参加了在法国北部诺曼底的登陆战,拍摄了极为精彩的报道照片。 1946 年,卡帕与波兰籍的西摩和法国籍的布勒松在纽约相聚。他们组成了"梅根"摄影通讯社,在巴黎和纽约设办事机构。后来陆续加入一些其他著名摄影家,如美国的罗嘉、瑞士的比索夫等。在"梅根社"成立后的 30 年中西方世界任何一个角落发生大事,都有他们的摄影记者在场。他们以忘我的热情,甚至不惜以鲜血和生命深入到第一线去拍摄,为新闻摄影的形式和内容树立了新的典范。1954 年,卡帕不顾亲友的劝阻,悄悄来到越南战场。他用照相机反映了《越南的悲剧》(卡帕的最后一幅作品题名),不幸误踏地雷身亡,时年 41 岁。1954 年 6 月 25 日,美国各晚报都登出卡帕的死讯。第二天《每日新闻》用大标题报道"关于卡帕之死",纽约各地电视台、电台和时报也以极大篇幅刊登报道,一致赞扬他是一个最勇敢的战地摄影家。为了纪念他,世界上曾举办 13 次卡帕个人作品展览,许多有世界影响的摄影书刊都介绍过他。卡帕的作品在美国、英国、法国出版过专集。1955 年美国《生活》杂志和"海外记者俱乐部"设立了"罗伯特·卡帕金质奖",用以鼓励在新闻摄影上有成就的摄影记者。1966 年,美国成立了"关心人的摄影基金会",以纪念卡帕及其他梅根社牺牲了的摄影家们。

罗伯特·卡帕经典语录:

"如果你的照片拍得不够好,那是因为你靠的不够近。"

"光有才华是不够的,你还得是个匈牙利人。"

"真相是最好的照片,最好的宣传。"

"这场战争(指二战)就像个正在变老的女演员,越来越不上相了,也越来越危险。"

逐梦箴言

照相机本身并不能阻止战争，但照相机拍出的照片可以揭露战争，阻止战争的发展。

知识链接

西班牙内战(1936年7月18日—1939年4月1日)，是在西班牙第二共和国发生的一场内战，由共和国总统曼努埃尔·阿扎尼亚的共和政府军与人民阵线左翼联盟对抗以弗朗西斯科·佛朗哥为中心的西班牙国民军和长枪党等右翼集团；反法西斯的人民阵线和共和政府有苏联和墨西哥的援助，而佛朗哥的国民军则有纳粹德国、意大利王国和葡萄牙的支持，因为西班牙意识形态的冲突和轴心集团与共产势力的代理战争，使西班牙内战被认为是第二次世界大战发生的前奏。

■ 柔弱下的坚强

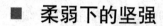

　　柴静——央视《新闻调查》栏目记者。柴静和她的《新闻调查》对于事实真相的不懈探究和追寻，起到了新闻从业者和新闻媒体作为舆论监督的典范作用。

　　2007 年 6 月，她在博客上写下《你是公民，也是记者》的帖文，向网友征集关于各地豪华超标政府楼与公共设施的图片与线索，帖子得到广大网友的热烈回应，被网友称为本年度最好的帖子。

　　2007 年，她两度走进山西，关注山西的污染之痛与治污之策。2007 年 9 月 9 日，中央电视台《新闻调查》栏目播出了《山西：断臂治污》，引起了广泛的社会关注。

　　2007 年 6 月 22 日，CCTV《新闻调查》节目主持人柴静在她的博客上写下《你是公民，也是记者》的帖文，称《新闻调查》正在制作关于各地豪华超标政府楼与公共设施的节目，向网友征集图片与线索。柴静这篇煽情的博文也因此被网友称为本年度最好的帖子。"帖子一经发出，就得到了广大网友的热烈回应，短短一周内，帖子的点击率超过了 7 万次，各地网友纷纷提供当地政府部门的豪华楼所照片，仅该论坛的跟帖就多达 1 500 多条。""基本上是关于豪华大楼的图片以及网友的评论和说明，包括了北京、上海、河北、浙江、江苏、四川、广东等地的豪华办公楼都纷纷亮相，大多数网友对成为举报人兴奋不已，期望媒体的曝光会给一些已经建设豪华大楼的政府部门带来压力，同时也给想顶风违纪的部门以警醒。"一个没有见过

我的未来不是梦

星星的女孩，一群想摆脱焦油气味的村民，一个陷入污染深渊的省份。

《新闻调查》记者柴静两度走进山西，关注山西的污染之痛与治污之策。

2007年8月7日，央视《新闻调查》栏目编导郝俊英、记者柴静等一行5人来到山西省阳泉市，对阳泉市煤矸石山生态恢复、采煤沉陷区治理等环保治理情况进行了采访。主要是采访山西省各地方政府近年来在污染源治理中的一些成功经验和具体做法。先后到二矿和一矿煤矸石山生态恢复现场、郊区李家山采煤沉陷区、北山公园等地，实地察看和了解了阳泉市矿山生态恢复和沉陷区治理的具体做法和工程进展情况。她把在山西孝义采访时的所见所闻写进一篇稿子，在网上广为流传，引起了很大的反响和讨论：山西孝义。他开着几十万吨生产能力的焦化厂，没有环保设施。村子就在离它不到50米的地方，裹在烟里什么也看不清。空气里都是焦油的臭味，致癌物超标至少9倍。他对着镜头满腹委屈："光说我环保，怎么不说我慈善啊，这个村子里的老人，我每年白给他们600块钱，过年还要送米送面。"他冷笑："当儿子都没有我这么孝顺。"

她的一篇名为《no money，no good》的报道，说了山西的污染。

柴静特别喜欢采访孩子，因为孩子不会说假话，那样堂而皇之的真实让一切虚伪脉络尽碎。她弯下腰问一个6岁的小女孩，说："你见过星星吗？"

"没有。"

"你见过白云吗？"

"没有。"

"空间是什么味道？"

"臭的。"小女孩无奈地扇扇鼻子。

在这个灰黑的世界里，她身上的红色棉袄是唯一幸存的颜色。

这篇报道引起了人们的震惊和深刻反思。

2007年9月9日，中央电视台《新闻调查》栏目播出了《山西：断臂治污》。

在此之前，记者柴静采访了山西省人民政府省长、山西省环保局副局长、山西孝义红塔煤焦集团董事长、山西省阳泉市左家庄村民、山西吕梁市

交口县农民等,瘦削的她在面对山西多名省级高官时,她的问题依然那样铿锵有力。

逐梦箴言

坚韧是成功的一大要素,只要在门上敲得够久够大声,终会把人唤醒的。

知识链接

《新闻调查》是中央电视台最具深度的调查类栏目,节目时长每期 45 分钟,每周一期。它以记者的调查行为为表现手段,以探寻事实真相为基本内容,以做真正的调查性报道为追求目标,崇尚理性、平衡和深入的精神气质。

■《大眼睛的小姑娘》

15年前，一张极具感染力的照片——《大眼睛的小姑娘》轰动海内外。那是一双美丽的大眼睛，乌黑透澈；那是一双失神的大眼睛，隐约闪现着晶莹的泪光，流露出对知识的渴望与追求，对生活的无奈与叹息，对校园的留恋与惆怅。那双大眼睛，向世人喊出了"我要读书"的心声。这张照片感动了一代中国人，被中国青少年发展基金会定为希望工程的"形象标识"，广泛地用于希望工程公益活动。从此，人们记住了《大眼睛的小姑娘》，同时也记住了它的作者解海龙。

如果说能有一个人用照相机推动一场撼天动地的运动的话，那就是解海龙与他的希望工程摄影纪实。希望工程是20世纪90年代我国参与最广泛、最有影响力的一项社会公益事业。据统计：截至2004年年底，希望工程共资助了贫困学生275万余名，援建希望小学11 888所，海内外累计捐款达到27.3亿元人民币。

1980年，解海龙开始学习摄影，经过近10年的努力，摄影技术明显提高，但题材杂乱，更没有个人风格，后来成了追逐各种摄影比赛奖项的"获奖专业户"。终于有位老师点拨说，"令人喜不如令人思"，于是，他开始把目光投向了大山，投向了那里因贫困而无法上学的孩子。

从1987年起，解海龙开始进行"中国贫困地区基础教育现状调查"，他几乎走遍了中国最偏远、最贫困的地方，拍摄了大量的专题照片。1990年，当解海龙再次去农村进行艺术创作时,发现许多贫困地区的农家孩子因生活困难,不能入学受教育。这些孩子渴望读书的心情深深地打动了解海龙,他到处翻阅资料,了解中国的农村基础教育现状,得知中国仍有两亿文盲,世界上每4个文盲当中就有一个是中国人,这对他冲击很大。于是,他决心用照相机把他们记录下来,告诉富裕地区的人们,只要你能伸出双手帮帮这些孩子,他们就不会成为文盲。

80年代末,当他再次去农村进行艺术创作,发现许多贫困地区的农家孩子因生活困难,不能入学受教育,他们渴望读书的心情深深地打动了解海龙,于是,他开始了浩大的摄影记录工程,试图用照片动员人们帮帮这些可能成为文盲的孩子。

1991年,他与希望工程结缘——在北京王府井碰巧看见团中央正在宣传希望工程,"从此就像单干户找到了组织"。当时的解海龙是北京崇文区文化馆一名年近40的普通干部,从此成了希望工程的志愿者。在以后一年多的时间里,他背着装满相机和胶卷的厚重行囊,足迹和镜头覆盖了大半个中国,用照片忠实地记载了那些失学儿童的辛酸。仅1991年这一年间,他就跑了全国的12个省、28个贫困县,接触了上万名儿童。

1992年4月,解海龙将其中的部分照片放大送给周围人审阅,听取他们的意见和感受。所有看了照片的人都有一个同样的感觉:就是为了这些孩子们捐款。尤其是那一幅《大眼睛的小姑娘》,谁见了都会受感染。许多人将捐款寄到中国青少年发展基金会,不到8个月时间收到善款上亿元。许多人在汇款单上写道:请把钱转给"大眼睛的小姑娘"。这之后,解海龙又接着在北京、武汉、广州、珠海、青岛、上海、合肥等地巡展,所到之处,即起轰动。

同时,台湾岛的台北、台中、高雄三大城市巡回展出了解海龙影展,岛上的一些媒体刊出他的照片,并以题为"发挥了最大影响力的当代中国摄影家"为题进行连续报道,在台湾轰动一时,这也是海峡两岸史无前例的。

我的未来不是梦

1994年1月,中国青少年发展基金会在人民大会堂举办"跨世纪的钟声"大型义演,希望工程的56幅作品在那里展出,这是中国第一次在这里举办个人影展。

1994年8月中央电视台《东方时空》"东方之子"栏目为解海龙制作了专题片。

1994年10月,《我要上学》摄影集出版,画册发送到党和政府各级领导以及社会各界名流那里,他们都不同程度地捐款,许多党和国家领导人还捐款在西藏等地援建希望小学。此后的日子里,报刊、电台、电视台、机关、学校、企业不断地报道他和"希望工程"的摄影传奇,他先后赴新加坡、马来西亚、加拿大、美国等地进行巡展并做演讲,也不失时机地利用各种机会向别人讲述每一张照片后面的故事,以求能够发动更多力量,帮助贫苦的孩子们能有机会去学习。

1996年中国新闻摄影学会授予解海龙"特殊贡献奖"。

1997年中国摄影家协会授予解海龙"特别荣誉奖"。

1998年解海龙入围中央电视台经济台"改革开放20年20人"特别节目。

解海龙为唤起社会各界参与支持希望工程发挥了不可替代的作用,做出了杰出贡献,他所拍摄的纪实照片,涉及到失学孩子的,全部复了学;涉及到危困教室的,全部建成了希望小学。

正是由于他震撼人心作品的影响力,才有了希望工程今天的辉煌成绩。

中国青少年发展基金会负责人说:"海龙的一张照片经常会引来一所学校,甚至不止一所。"

他还说:"人们了解希望工程,大都是通过他的图片,首先是被他的作品深深打动,于是便纷纷奉献爱心……如果说希望工程发展到今天取得了一定成效,要论功行赏的话,解海龙当记大功、行大赏。"

逐梦箴言

以良心做新闻。

知识链接

　　柴静和她的《新闻调查》对于事实真相的不懈探究和追寻，起到了新闻从业者和新闻媒体作为舆论监督的典范作用。2007年6月，她在博客上写下《你是公民，也是记者》的帖文，向网友征集关于各地豪华超标政府楼与公共设施的图片与线索，帖子得到广大网友的热烈回应，被网友称为本年度最好的帖子。2007年，她两度走进山西，关注山西的污染之痛与治污之策。2007年9月9日，中央电视台《新闻调查》栏目播出了《山西：断臂治污》，引起了广泛的社会关注。

我的未来不是梦

■ 用大纸箱收起奖杯和浮躁

十几年前，解海龙曾是一度狂热追逐各种摄影奖的"获奖专业户"。那时他凭一个狂热的摄影爱好者的不懈奋斗，由工厂调入北京某区文化馆干起专业摄影，生活中的大事就是参加各种名目的摄影比赛，并拿奖。他甚至总结出一套行之有效的得奖经验，一年内光高规格的大奖就获得三四个，有时上午刚把奖领回来，下午又赶场子领另一个，连发奖的领导都诧异："怎么又是你？"那段时间的解海龙志得意满，家里显眼的地方摆满了耀眼的奖杯，"每天喝着小酒喜滋滋过日子"。但是他的一位同行老师刘加瑞的一番话使他感到震动："你有灵气，也有成熟的技巧，但只靠这两样恐怕还是很难拍出'有嚼头'的作品，让人'喜'不如让人'思'，但这靠的是自身的素质和底气，是一种社会责任感。"

在20世纪80年代初，那个重视宣传的政治功能，把图像语言符号化的创作还有很大惯性的时候，解海龙开始读书和思索。重新审视自己作品的价值，感到太多的庸俗和肤浅。他找来大纸箱，把所有的奖杯奖状收起来，那一霎那，他感到了不可名状的轻松。

放下内心的浮躁，他重新回到零的起点，开始找寻一个摄影工作者真正的价值，决心让三度思维和时代的"广角"，取代以往在两度空间的浮光掠影。

这个转变使他很快在创作上有了新的理解和快感。他开始关注普通人的真实生活，特别是对当时中国教育现状的认识从感性逐渐上升为理性。幼时解海龙在自己的老家河北景县读过一段时间的乡村学校,但数十年后他再去,竟发现那里的一切和他儿时灰蒙蒙的记忆没有两样。教学条件更加艰窘。后来他还在山西、内蒙,看到过用自己的头发换学费的孩子;站在学校门口不肯挪步的拾柴的孩子,感到强烈的震动和内心刺痛,对基础教育有了越来越深的思考。

他觉得传统的拍摄已不足以表达思想,便开始尝试用纪实性、报告式的摄影组图反映基础教育的一些问题,在界内和社会上引起反响。

90 年代初,当他的这些探索有相当积累之后,决定在这个领域"掘一口深井,不见水,不罢休",毅然向中国青少年发展基金会提出,义务为希望工程拍摄照片,走近那些穷乡僻壤的真实层面,为那些尚未享受教育权利的农村孩子寻求社会帮助。他的一句话"为了这些苦孩子,让我们都来做手背朝下的人(向社会募捐)"深深打动了青基会的秘书长徐永光。

用快门和爱记录希望工程

"如果你的照片拍得不够好,那说明你离战火还不够近",这句世界著名摄影家卡帕的名言成了解海龙实践自己摄影创作理念的一个尺度。他在地图上凡是等高线密的地方他就划圈,大别山、太行山、沂蒙山、云贵高原、青藏高原,全圈了进去。

这一划意味着从此把自己重新推向远离都市的艰苦生活,去过吃方便面、住廉价的招待所、乘坐慢车的日子。他曾在火车上过大年初一;曾在长途汽车上,对付过拿刀的劫匪。

但他的内心却有着从未有过的充实,他常常流着泪采访,流着泪拍摄,用相机记录和讲述许多闻所未闻的故事,并在这样的采访拍摄中理解一个摄影家的真正使命, 心灵一次次得到净化。这样的采访解海龙坚持了 10 年,行程数万公里,到了 26 个省的 120 多个县,拍摄了数千张具有视觉感染的照片。

1992 年,在中国摄影界艺术节华丽的展厅,解海龙临时挤进去的小小的展台挤挤挨挨放了 40 幅照片,谁也没有想到,就是这些照片让参加开幕

式的 2 000 多名中外嘉宾频频驻足，那沉重而苦涩的露天课堂；那个天天背砖换学费的女孩；倒塌的破窑教室里那些茫然的目光……无数颗心被这些真实的瞬间撼动着。有的教师看后拉来了整个班级的学生；有的军人当即掏出身上所有的钱；有的外地观众急着联系把这个展览办到他们那里。没有台面，不知谁先在照片前的地上放了钱，结果很快堆成了一座钱山。那些天，有上万人在展板前捐款签字。那以后，"大眼睛苏明娟"抑郁而充满渴望的眼神，差不多成了希望工程的标识；与海内外亿万中国人的目光默默对视。

此后解海龙不停穿梭于城市乡村之间，应邀把展览办到了全国各地，办到了台湾，甚至办到了美国、加拿大。每一次展览都会引发一场倾情捐献……有人说解海龙是用相机的快门，推动了一场运动。

用良心和责任去淘沙里的金

当过兵、进过工厂的解海龙说他热衷于到基层去淘那些埋在沙子里的金子，把普通老百姓的生活当作自己创作的源泉。他实实在在地觉得中国的国情现实不需要他去为某些人和事锦上添花，而需要真正关注老百姓的生活状态，这也是一个摄影工作者的良心。

1998 年的张北地震、内蒙古阿尔山大火、南方洪水，解海龙都风尘仆仆赶到现场。在湖北省监立县，解海龙经历了为全局利益放水淹田的揪心时刻，执行放水任务的一方和不能容忍毁灭自己家园的一方严重对峙，剑拔弩张。此时解海龙不知哪儿来的勇气，见他往高处一登，亮开嗓子，推心置腹讲了一番话，他深深的理解、朴素的表白竟产生了意想不到的效力，人们流着泪，渐渐把那些险些用作对抗武器的铁锹、镐头竟挥向堤坝……解海龙不失时机地按下快门，这组《悲壮的弃守》被赋予强烈的感染力，出现在多家媒体上。

如果说遇到突发事件必到现场是出于职业摄影家的本能，那么，解海龙平时下基层更多追求的是静态中的深入，是平中见奇的功力。在一次几个部委组织的扶贫助残的活动中，解海龙和一伙儿摄影记者来到山东龙口,大家都在采访拍摄的时候,他一个人仍悄悄在村子里转悠。他走着,问着,看着,思索着。一户一个女人和两个男人的特殊的家庭进入了他的视线,这个家庭多年来不寻常的故事被他挖掘出来,并敏锐判断出这里面所蕴含着的中华民族传统美德的巨大精神力量,这篇摄影纪实报道《亦真亦幻难取舍》感天动地,发表后引起强烈的社会反响,女主人王淑英后来作为扶贫助残劳模被请进北京人民大会堂,受到党和国家领导人的接见。

也是一次集体采访,解海龙发现了那个唇腭裂患儿小落落和他被贫苦的农妇收养的曲折经历,跟踪拍下的非同寻常的《落落的故事》……在社会引起极大轰动,美国前总统布什亲切接见了手术后痊愈的落落。

因此每每到了基层群众当中,他心里就特别踏实,那种脚踏实地的感觉来自与生俱来的贫民情结,也来自一个摄影工作者的社会良心和创作态度。每次下基层,特别是到农村,他就激动,就坐不住,思想就流畅和灵动起来。他觉得自己能够触摸到农民群众的呼吸和情感,听得懂他们的心声,无论那些男女老幼。在他们中间,新闻的、艺术的、摄影的感觉全找得到。他愿言其所难言,呼其所无力呼,想其所无法想。

2003 年"非典"突袭北京的时候,已担任中国摄影家协会副秘书长的解海龙再次披挂上阵,进入北京佑安医院拍摄采访。除了身体力行,他还经常现身说法,利用一些机会,给他这个行当的青年朋友讲自己"三贴近"对于一个摄影人的真正意义。

目前,他作为中国摄影家协会党组成员、副秘书长,依然如故地宣扬希望工程的人道主义精神,为构建和谐社会继续发挥独特的贡献。

作为摄影传播到中国后影响力最大的摄影师,解海龙的摄影不是通常意义上的艺术行为或者新闻报道,他对摄影的运用,提示了照片的传播所带来的对社会影响力,这是在摄影早期先驱刘易斯·海因人道主义的摄影运用的榜样下,对关心人类弱小群体的直接继承,被誉为中国的刘易斯·海因、尤金·史密斯。而他的照片,在视觉上的均衡效果,又是传统的中国人的观看方式,所以在中国人的审视下,显得格外具有感染力。解海龙是一个典型的中国人,温和善良,愿意帮助别人。在中国,众多的孩子正在领

我的未来不是梦

记住！你是无冕之王！

受他的照片所带来的恩惠。

逐梦箴言

如果说能有一个人用照相机推动一场撼天动地的运动的话，那就是解海龙。

知识链接

解海龙，中国摄影家协会党组成员、副秘书长、著名摄影家。现任北京市摄影家协会理事、北京广角摄影学会副会长、《大众摄影》杂志编委。1996年获中国新闻摄影学会特殊贡献奖；1997年获中国摄影家协会特别荣誉奖；1998年获中国文联、中国摄影家协会德艺双馨优秀会员称号，同年获全国十佳青年新闻摄影记者称号；1999年获全国十佳广告摄影师称号。

无法告别的渴望

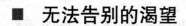

　　美国哥伦比亚广播公司(CBS)新闻节目《60 分钟》的前主持人迈克尔·华莱士于 2012 年 4 月 7 日晚去世,终年 93 岁。他曾采访过马丁·路德·金、肯尼迪、阿拉法特、霍梅尼等一系列风云人物,并曾先后专访邓小平和江泽民。他是记者,自撰墓志铭说:他强硬然而公正。

　　93 岁高龄的美国著名记者迈克尔·华莱士在美国去世了,对于新闻从业者和教育者来说,这是一种新闻情结的结束。

　　坦率说,国内大多数读者和观众,并没有看过华莱士的采访和新闻报道。即便有,也只是在一些中美关系的纪录片中偶尔看到他采访邓小平和江泽民的身影。但对于这个时代来说,华莱士这个名字,意味着从调查到追问,意味着新闻的传奇。

　　坦率说,华莱士不是我们这个时代记者的象征,他更像是 20 世纪 60、70 年代那些传统记者的行头。他的头发永远向后梳,穿着得体的西服,即便在科索沃战场上,也保持绅士风度。他毫不吝啬尖锐直率的追问,甚至直接指出被采访的高层是个"胆小鬼"、"暴君"什么的,但是他也从来不吝给他们充分的时间和空间回应。当然,如果你不回应或者拂袖而去,你丝毫无法影响华莱士的新闻名声。

　　但正是那个时代的新闻人,给 20 世纪后半叶的世界新闻史留下了精彩的一笔。

我的未来不是梦

华莱士和他的《60分钟》在其中是一个相对后来者，之前如爱德华·默罗的《现在请看》，同时代如克朗凯特的《晚间新闻》，共同的特点是"硬"——新闻内容硬，采访风格硬，调查功夫硬，观点表达硬。这种硬的背后，是对真相的不懈追求，用职业锻造一个新闻时代。在他的同时代，我们还看到了报道水门事件的伍德沃德，报道白宫新闻的海伦·托马斯，采访萨达姆的丹·拉瑟。

对华莱士的赞誉，实际上是对一种新闻职业精神的赞誉。而也正因为如此，观众赋予了华莱士超长的职业生命。他一直工作到88岁。2006年，我们才从屏幕上告别这位看不出年龄的著名记者。这种职业生命，实际上是这个世界对于事实的追问需求，这个年长的新闻人群体也被美国民众誉为"最值得信任的人"。其实今天世界尽管变化多样，但是从政治经济结构上不变的依然是事实性的基础，舆论监督和追问，创造了公众维护社会秩序的机会。

我记得在华莱士的回忆录《你我之间》一书中，即便是对自己职业生涯的总结，他也是充满了写故事的激情。这不是一个自己生涯的回顾，而是一个自己报道故事的全记录。公众对历史的需求创造了华莱士的辉煌。这也是《60分钟》一直坚持做电视新闻杂志，拉里·金坚持长时间对话，绝不屈服于140个字的原因。

设想一下，假如历史没有在1918年创造迈克尔·华莱士，或者在1968年没有创造CBS的金牌栏目《60分钟》，这其实也没什么。因为历史永远会创造的，是电视镜头对事实的揭示。从这个意义上说，告别华莱士，却无法告别人们心底对华莱士们的渴望。

逐梦箴言

对于有秘密的任何人，最怕听到的 5 个字便是"华莱士在这"。

知识链接

迈克·华莱士（Mike Wallace，1918 年 5 月 9 日 — 2012 年 4 月 7 日 ）美国 CBS 访谈节目《60 分钟》主持人，曾采访过多位政治人物，于 2006 年退休，是美国电视界的"教父"级人物。

◈ 智慧心语 ◈

太阿之剑，犀角不足齿其锋；高山之松，霜霰不能渝其操。

——张九龄

不畏义死，不荣幸生。

——韩愈

为重凌霜节，能虚应物心。

——卢象

和自己的心进行斗争是很难堪的，但这种胜利则标志着这是深思熟虑的人。

——德谟克利特

我未必稳操胜算，却始终以诚处世。我未必马到成功，却不忘心中真理。我当与天下正直之士并肩而立，知其是而拥护之，知其非而离弃之。

——林肯

第十章

我的未来不是梦

路是脚踏出来的，历史是人写出来的。人的每一步行动都在书写自己的历史。

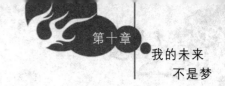

因为我们拥有年轻

　　年轻——我们还年轻,每当遇到挫折时,大人们都喜欢用这样的话来安慰,然而在这条年轻的旅途中,又有几人是一帆风顺,这一路上我不断地跌倒爬起,命运像是在有意整我,一次次将我领到悬崖的边缘,然而我却还是不顾一切地纵身往下跳,落地的前一秒还天真地以为天上掉下了馅饼,上天对我的垂怜,等到重重地摔下来时才清醒过来,后悔当初的愚昧。于是开始拼命地往上爬,可是还是一次一次地无功而返,我不知道还在这里绕多久,但我却从来没有过放弃的念头,因为这一秒不放弃,下一秒才会有希望,要想重新站起来,就一定得坚持。

　　记得上学的时候老师说过,人要在挫折中成长,就在一次次失败中也逐渐明白,前面的路途将会更加的艰难,等着自己的将会是各种的困难与挫折,要想不被它们打倒,那只有打倒它们。人们常说人最大的天敌是自己,所以要想战胜它们,首先得战胜自己,若是连自己都不能打败,一切都只是纸上谈兵。然而战胜自己却不那么容易,得用足够的事实来告诉自己,我行! 我可以! 站得更高才可以看得更远,懂得的越多就会得到的越多,所以唯有不断地充实自己,让自己能像巨人一样拥有强大的体魄,像阿凡提拥有过人的智慧,才能让自己处于不败之地。

　　因为年轻,所以才会冲动,因为年轻,所以才会彷徨,然而因为年轻,所以才懂得了更多。上帝赋予我一颗年轻的心,我应该让它更加地有活力,更加地有激情,更加地有光芒。年轻无极限。

■ 磨难与执著

天将降大任于斯人也，必先苦其心志，劳其筋骨，饿其体肤，空乏其身。

磨难——这是一味苦药，但是每个需要成长的人都需要它。有时候，生活像用板儿砖拍头一样打击你。别失去信心。请深信当时唯一让我们支持下去的原因就是热爱我们所做的一切。你一定要找到你所热爱的。你的事业将会占据你生活的很大一部分，你真正得到满足的唯一途径就是去做你坚信是伟大的事业。而做伟大的事业的唯一途径就是热爱你所做的一切。如果你还没有找到，继续找。不要妥协。就像其他一切需要用心灵去感受的事物，当你找到的时候，你会知道的。就像任何美满的伴侣关系，随着时间的推移，事情会变得更美好。所以，继续找吧，直到你找到。

■ 要学会执著

人生一世,有爱也有恨;有悲哀也有喜乐;有知难而退也有执著向往;有失去也有取得……

每一个人都应该学会执著。

执着理想。虽然理想需要付出太多的心血,但不能轻易就放弃。如果你不去执著追求理想,那活着还有什么意义呢? 当你放弃理想的那一刻,你就像泄了气的皮球,凄惨的样子。如果你在理想面前执著呢? 那就一切皆有可能。即使有些人一辈子都没有实现理想,但他们都得到了追逐理想的快乐、充实。

■ 人生应该好好奋斗，奋斗吧！

有些人在激烈竞争的汹涛骇浪中被卷走，从此一蹶不振；有些人却迎着风口，踏上浪尖，上了岸，他们成功了。因为他们多了一份坚持。风口浪尖对于他们来说不是绊脚石，而是垫高自己的基石。

生容易，活容易，生活不容易。人生就是生活的过程。哪能没有风、没有雨？正是因为有了风雨的洗礼才能看见斑斓的彩虹；有了失败的痛苦才会尝到成功的喜悦。屠格涅夫在《罗亭》中说："我们生命虽然短暂而渺小，但是伟大的一切都由人的手所造成的；人生在世，意识到自己这种崇高的任务，那就是他们人生中无上的快乐。"我们就是来创造这个社会的，难免会受些伤、流过泪。

时间，飞快地转，划过一个个梦的幻曲。

人生，就要闯出一条路来！为了事业，为了奋斗的人生，尽管失去许多，但有失必有得！而得到的往往会比失去的更重要，它是人生的价值与意义。

掌声总在成功后。在竞技场上，冠军跑到终点之后；在演艺剧场，艺人结束了精彩表演；在科研战线，科学家公布了科研成果；在工程领域，大楼盖好，桥梁修成，掌声才骤然响起，鲜花才会献上。而在这之前的刻苦训练，潜心努力，卧薪尝胆，宵衣旰食，一般是不会引人注意的，更不会换来掌声和喝彩。掌声总在成功后，冠军跑在掌声前，是古今中外一条普遍规律。

因为世人大都是功利的，在没看到你拿出的"真金白银"时，是不会给

你掌声的,包括礼节性的掌声,尽管对他们来说这不过是举手之劳。甚至于在你已获得成功,拿出"真家伙"时,他们还会怀疑是不是赝品,迟迟疑疑地不肯报以掌声。所以,这个成功后的"后",可以是分秒计算的瞬间,也可以是以年为单位的数载,或者是以百年为单位的若干世纪。

飞人博尔特在百米跑道撞线后就赢来了掌声雷动,还有鲜花、美酒、奖金,告慰了此前他为此付出的一切努力,回报了他在训练中流下的汗水。

诗仙李白,在他的诗歌流传开后,也很快赢来掌声,为其鼓掌的人有普通读者,有诗界同行,甚至还有"真龙天子",而且掌声一直响到今天。杜甫就没那么幸运了,虽然他的诗歌同样成功,但掌声稀稀拉拉,直到去世多年才被人逐渐认可,戴上诗圣桂冠,掌声也渐渐变响,而且越来越响。

在本文的最后,我们一起来分享一段华莱士自己的新闻哲学。他说:在一个美好的世界里,每个人都是体面的,然而现实世界并非如此运行,记者的名声恰恰在于翻开那块石头,看看下面隐藏了什么。退休后接受的最后一次访谈中,华莱士毫不避讳死亡,他说在自己的墓碑上,只有简单地刻几个字,那就是:强硬然而公正。

智慧心语

路漫漫其修远兮,吾将上下而求索。

———屈 原

有公心,必有公道。

———杨 泉

对他人的公正就是对自己的施舍。

———孟德斯鸠

记者的笔可抵三千毛瑟枪。

———拿破仑

找到最适合采访的是最难的。

———马克·吐温